REAL
Inbound Marketing

Jij vond dit boek

N. Edwin M. Vlems

Copyright © 2012 Edwin Vlems

All rights reserved.

ISBN: 1477676201
ISBN-13: 978-1477676202

INHOUDSOPGAVE

Voorwoord

Deel I: Het einde van Outbound Marketing

Hoofdstuk 1: 'Outbound Marketing': niemand ontsnapt ...2
Hoofdstuk 2: 'Aggressive marketing': de wereld draait te snel...5
Hoofdstuk 3: De 'Sales funnel': laat de leads maar door uw vingers glippen...12
Hoofdstuk 4: 'Realtime marketing': in het zwembad...16

Deel II: REAL Inbound Marketing

Hoofdstuk 5: 'Inbound Marketing': build it and they will come...20
Hoofdstuk 6: 'Content marketing': delen levert geld op...24
Hoofdstuk 7: 'Content marketing': maak Google je vriend...26
Hoofdstuk 8: 'Content marketing': content achter een hek?...30
Hoofdstuk 9: 'Content marketing': curation voor beginners...34
Hoofdstuk 10: De kracht van transparantie...37
Hoofdstuk 11: 'Authenticiteit': het economisch voordeel...40
Hoofdstuk 12: 'Conversation marketing': personality included...48

Deel III: De toekomst van Marketing

Hoofdstuk 13: Marketingbudgetten verdampen...53
Hoofdstuk 14: De toekomst van reclame...56
Hoofdstuk 15: De toekomst van marktonderzoek...60
Hoofdstuk 16: De toekomst van verkoop...63
Hoofdstuk 17: 'Intention economy': de macht verschuift...65

Over de auteur

VOORWOORD

Het doel van dit boek is om een 180 graden draai in het marketingdenken te ondersteunen: van het klassieke 'Outbound Marketing' (adverteren, cold calling etc.) naar ECHTE 'Inbound Marketing' (je kennis en persoonlijkheid online zetten als magneet voor klanten). Om die reden begint en eindigt elk hoofdstuk met een stelling, een stelling die in de loop van het hoofdstuk onderbouwd wordt. En alle stellingen samen onderbouwen de beweging naar 'Inbound Marketing', marketing die veel effectiever, goedkoper maar vooral leuker is. Veel leesplezier.

Deel I: Het einde van Outbound Marketing

"It no longer makes economic sense to send an advertising message to the many, in hopes to persuading the few". Het is een uitspraak van Lawrence Light, die in het verleden nota bene de marketing van McDonalds heeft gedaan. Het is tekenend voor een tijd waarin de bel-me-nietregisters wereldwijd uitpuilen, en niemand nog naar reclameblokken kijkt omdat het kleine schermpje interessanter is. Outbound Marketing, het 'onderbreken' van mensen met je commerciële boodschap, werkt niet meer.

In deel I van dit boek wordt beschreven waarom Outbound Marketing niet meer werkt. Kort gezegd komt het erop neer dat mensen Outbound Marketing helemaal beu zijn (hoofdstuk 1), dat het aanmoedigen van consumptie ook economisch gezien niet langer houdbaar is (hoofdstuk 2), dat de klassieke 'verkooptrechter' (mensen z.s.m. naar de koop duwen) achterhaald is (hoofdstuk 3), en dat je niet langer in campagnes moet denken maar 'realtime' (hoofdstuk 4).

1 'OUTBOUND MARKETING': NIEMAND ONTSNAPT

Een leuk artikel in de Telegraaf: een 61-jarige Duitse vrouw heeft een telemarketeer het ziekenhuis ingeblazen met een fluitje. Ze was het méér dan zat dat ze voor de zoveelste keer gebeld werd, en blies keihard met een scheidsrechtersfluitje in de hoorn. Ze moet nu een boete van 800 euro betalen voor gehoorschade bij de beller, maar dat weigert ze. Eigenlijk best een origineel idee, zeker voor de mensen die niet weten dat er een bel-me-niet-register bestaat. Want mensen zijn ons marketeers helemaal beu. Maar er is hoop.

Stelling: mensen zijn onze marketing beu

Dat heet Marketing, mensen onderbreken om aandacht te krijgen. Eigenlijk is het best wel absurd, dat wij marketeers het als ons beroep zien om mensen lastig te vallen. En dat we verontwaardigd zijn over alle 'rechten' die mensen tegenwoordig hebben om zich tegen ons te beschermen. Maar niets houdt ons tegen hoor: we omzeilen hun infofilters, anti-cookies en bel-me-nietregisters wel, we beginnen gewoon weer met colportage aan de deur. Net als vroeger. Of we betalen hun vrienden om onze producten aan te prijzen. Is dit gedrag niet raar? Of ligt het aan mij? Het is op het obsessieve af, het lijkt wel het script van een slasher-film: *"Here's Johnny"*. Niemand ontsnapt.

Een mooi staaltje van dit absurdisme zie je in een artikel over zogenaamde 'ad-blokkers' (mooi Nederlands, vind ik ook) die in browsers als Google Chrome de advertenties verbergen, en waarin een marketeer de onvergetelijke woorden uitspreekt dat consumenten natuurlijk een *"geldende behoefte"* hebben om ad-blokkers te installeren, maar dat deze ad-blokkers *"zakelijk gezien niet op een duurzame manier werken"*. Wij marketeers willen mensen immers lastig vallen met onze advertenties, en alle pogingen om dat tegen te werken zijn natuurlijk niet 'duurzaam'. Huh?

"People shop and learn in a whole new way compared to just a few years ago, so marketers need to adopt or risk extinction.", zo Twitterde Brian Halligen enige tijd terug, de CEO van Hubspot. Maar toch: als je discussies op de marketinggroepen in LinkedIn volgt dan zie je toch nog veel marketeers die graag dit risico op uitsterving nemen: *"Koude acquisitie blijft de beste manier is om nieuwe klanten te realiseren. Klanten kunnen het vervelend vinden dat je belt maar in de meeste gevallen kom je ze geld brengen toch ☺"*, zo reageerde iemand in een discussie over 'cold calling'. Let eens op die smiley aan het eind van het citaat: de minachting voor de klant druipt er vanaf. En kwam je in de vorige eeuw nog makkelijk weg met die minachting: we leven tegenwoordig in transparante tijden!

Waarom willen wij zo graag mensen onderbreken? Waarom kunnen we ze niet gewoon met rust laten, en wachten tot ze komen kopen? Is het een schreeuw om negatieve aandacht? Ik heb de laatste tijd in discussies gezeten met mensen die met 'Outbound Marketing' hun geld verdienen, en opeens viel het kwartje: we worden onrustig als wij niet aan de knoppen zitten... Wij willen, als jaloerse echtgenoten, precies weten waar 'onze' klant zit, waar hij of zij naar kijkt, en vinden het 'intimiderend' als ze niet te vinden zijn. We trekken het niet als ze anoniem kijken naar onze content, we moeten weten wie ze zijn en bellen ze vlak nadat ze een whitepaper gedownload hebben (*"Ik zie dat u zojuist..."*). We willen ze niet met rust laten. We willen hun geld, en snel.

Ik heb onlangs het langverwachte boek van Doc Searls gelezen over de 'Intention Economy'. Hij had er al een indrukwekkend stukje over geschreven in de Harvard Business Review, en laat zien dat in de toekomstige 'Intention Economy', als de klant het uiteindelijk helemaal voor het zeggen heeft, het *"tracking customers like animals"* helemaal geen zin meer heeft. Ze gooien hun intenties als het ware in de lucht en bedrijven kunnen ze opvangen. Dit betekent voor ons marketeers wel een enorme ommezwaai. We zullen anders moeten leren genieten. Maar het mooie is, dat de rest van de wereld er ook van mee kan genieten. We hoeven ze namelijk niet meer lastig te vallen. In hoofdstuk 17 wordt dit verder toegelicht.

"Verkopen begint pas als de klant 1 x NEE heeft gezegd. Als klanten altijd maar blind hun bestellingen doen heb je geen verkopers nodig", zo meldt iemand, eigenlijk best wel typerend, in een marketinggroep op LinkedIn. Want 'helaas' leven we in een tijd dat klanten steeds zelfstandiger worden in het doen van hun bestellingen. Zeg eens eerlijk: luister jij nog naar marketeers of verkopers als je iets wil kopen? En wat doe jij als het reclameblok begint? Blijkbaar is er behoefte aan iets anders. De fluitjesmarkt zal het merken.

Herhaling stelling: mensen zijn onze marketing beu

2 'AGGRESSIVE MARKETING': DE WERELD DRAAIT TE SNEL

Toen Britt en Ymke enige tijd terug het mysterie van de Giftige Pijl op moesten lossen in Namibië, besloten ze bij de lokale bevolking wat tandenborstels achter te laten. Want die hadden natuurlijk hele vieze tanden. Maar wat schetste hun verbazing: ze hadden helemaal geen vieze tanden! De mensen van deze stam aten helemaal geen Westers voedsel, en dus was er met hun tanden helemaal niets aan de hand.

Wel grappig eigenlijk, het bedrijf dat de tandpasta maakt, maakt ook de voeding die de tanden aantast. Het bedrijf dat de zeep maakt die de natuurlijke bescherming van onze huid afbreekt, maakt ook crèmes die weer nieuwe bescherming geven. Het bedrijf dat producten maakt om mee af te slanken, maakt ook de producten die ons dik maken. Op deze manier zorgen wij marketeers voor ons eigen werk natuurlijk. Jaja ik weet het, er wordt al jarenlang het vingertje geheven tegen deze 'overconsumptie' door 'bezorgde wereldbewoners', dus daar wil ik geen schepje bovenop doen. Maar iets is wel anders: er komen economische redenen bij om Marketing anders te gaan doen. Maar eerst gaan we naar Londen.

Stelling: het aanmoedigen van consumptie is ook economisch gezien niet langer houdbaar

In augustus 2011 werd Londen verrast door rellen die de stad wekenlang in een wurggreep hielden. Op verzoek van de regering werd een denktank in het leven geroepen die enige tijd terug advies uitbracht, en in hun rapport stond een opvallende conclusie: één van de belangrijkste oorzaken van de rellen was volgens het rapport 'aggressive marketing'. Uit een onderzoek bleek dat 70% van de Londenaren vond dat de hoeveelheid reclame gericht op jongeren moest worden verminderd: *"While no one individual brand is to blame, children and young people must be protected from excessive marketing"*. 'Bescherm onze jeugd tegen uw marketeers'. Aan de Engelse tegenhanger van de Reclamecodecommissie werd gevraagd om ook in scholen trainingen op te starten om de 'weerstand' van kinderen tegen reclame te versterken. Is dat niet raar? Het is zoiets als het uitdelen van kogelvrije kleding aan de soldaten wiens land je gaat aanvallen. Wat meteen de vraag oproept: waar komt die 'aggressiveness' bij ons marketeers vandaan?

"I would rather be thought of as evil than useless", zo zei Rory Sutherland enige tijd terug, de vice-president van reclamebureau Ogilvy. Het was naar aanleiding van een discussie over de ethische kant van reclame. Een wetenschappelijk bureau van de Britse overheid gebruikte de quote van Rory als inspiratie voor de titel van een rapport dat ze schreven over marketing en reclame: 'Think of me as evil'. Het bureau toonde via een uitgebreide analyse van wetenschappelijk onderzoek aan dat de drie 'mythen' die de reclame-industrie in leven proberen te houden niet houdbaar zijn:

- *"Reclame versterkt geen consumptie, maar verdeelt het anders"*: uit de onderzoeken die in het artikel worden beschreven blijkt het tegendeel: *"Aggregate advertising affects aggregate consumption"*.
- *"Reclame is slechts een spiegel van culturele waarden, en kan ze niet beïnvloeden"*: Ook hier bleek uit onderzoek het tegenovergestelde. Een belangrijk voorbeeld in deze is natuurlijk de invloed van reclame op het imago van roken: pas nu het verboden is, is het imago van de roker gedegradeerd van ruige cowboy naar drugsverslaafde.
- *"Reclame gaat over de promotie van keuze"*: Een democratisch ideaal, maar opnieuw blijkt uit het rapport het tegendeel: de onbewuste invloeden van reclame (vooral gericht op kinderen) op ons koopgedrag verminderen de keuze juist...

Wat opvalt is dat bovengenoemd rapport mede geschreven is op initiatief van het Wereld Natuur Fonds. Maar eigenlijk is het ook weer niet raar: zoals ik eerder al zei worden er al jaren vingertjes geheven richting reclame en de ethische bezwaren ertegen, maar nu komt er voor het eerst een economisch bezwaar bij. Was het stimuleren van 'greed' tot voor kort misschien wat onethisch maar geen praktisch probleem (producten genoeg), dat probleem komt er nu wel: grondstoffen raken op. We hebben deze trend bij ons bedrijf (B2B) enkele jaren terug gesignaleerd (we verkopen grondstoffen) en gelabeld met de term 'The Mineral Rush'. Analoog aan de 'Gold Rush' van halverwege de 19e eeuw in de VS laat deze trend zien dat we uiteindelijk niet met één aardbol alle behoeften kunnen bevredigen. Om precies te zijn: als elke wereldbewoner het luxe-niveau heeft van een Amerikaan, hebben we drie aardbollen nodig...

Was de druk op marketing om te veranderen tot nu toe vooral moreel van aard, nu komt er dus ook een economische reden bij: het opwekken van vraag in een wereld met steeds minder aanbod gaat problemen opleveren. De rellen in Londen zijn niet de laatste 'marketing riots' die we gezien hebben...

"The truth is that marketing raises enormous ethical questions every day—at least it does if you're doing it right...", zo verwoordde Rory Sutherland op een andere manier zijn besef van de onethische kant van reclame en marketing. Misschien moeten we marketing eens echt anders doen en geld verdienen op een manier die niet alleen moreel van een hoger niveau is, maar ook veel leuker. Niet zoals de marketing van Batman-films gebeurt.

In de maanden voorafgaand aan de première van Batman ontstond een cultureel fenomeen dat 'Batmania' werd genoemd, of zoals schrijver Kevin Smith het verwoordde: *"That summer was huge. You couldn't turn around without seeing the Bat-Signal somewhere. People were cutting it into their fucking heads"*. De regisseur van de film irriteerde zich aan al deze publiciteit. De naam van deze regisseur? Tim Burton. Niet Christoper Nolan, de man die zich ontzettend schuldig zou gaan voelen.

Want we hebben het hier over 1989. De marketeers van de productiemaatschappij hadden alle registers opengetrokken en waren al maanden voordat de film 'Batman' in de bioscoop verscheen verantwoordelijk voor de *"most talked about coming attraction"*. Hele boeken en artikelen werden er later geschreven over de ontzettend doordachte manier waarop de film in de markt werd gezet, of zoals Dan Owen het omschreef *"a yardstick for how to successfully hype a blockbuster-in-waiting"*. Zo werden er al maanden vantevoren billboards geplaatst met alleen het Batman-logo, en plaatste men verborgen boodschappen op de voorpagina van de New York Times. Wat ik me kan herinneren is dat we in Europa al bij voorbaat een hekel aan deze film hadden, omdat die Amerikanen er al zo obsessief mee bezig waren. In de psychologie heet dat het 'inoculation effect', genoemd naar het griepspuitje: Europeanen waren er als het ware al tegen ingeënt.

We springen twintig jaar verder, een opvallend artikel in het blad Management Team over de 'slimme marketing' van de huidige Batmanfilm, 'The Dark Knight Rises'. De marketeers van de filmmaatschappij halen opnieuw alles uit de kast om het publiek al wild te maken voordat de film er is. Enkele voorbeelden:
- De filmposter werd megagroot nageschilderd op een groot gebouw, en billboards werden geplaatst waar batman letterlijk doorheen gevlogen was.
- Nerds ontcijferden het geluid op de website (verder was er nog niks te zien of te horen) en vonden de Twitter-hashtag #thefirerises. Iedereen die deze hashtag gebruikte hielp bij het onthullen van deze foto van de 'bad guy' in de film.
- In allerlei wereldsteden werd graffiti gespoten, die elk een beeld uit de trailer moesten voorstellen. Fans moesten de graffiti combineren om de trailer wereldkundig te kunnen maken.

De marketingacties hebben hun effect gehad: vele liefhebbers van het superhelden-genre in het algemeen en Batman in het bijzonder begonnen toe te leven naar The Dark Knight Rises. Na de vreemde effecten van de vorige Batmanfilm op onder andere de tegenspeler The Joker (hij pleegde zelfmoord) gebeurden ook nu rare dingen. Zo heeft de site Rotten Tomatoes, die de recensies van professionele filmcritici verzamelt, de mogelijkheden om te reageren op recensies gestopt nadat duizenden (!) Batman-fans helemaal los gingen (zelfs met doodsbedreigingen) op die ene recensent die de film niks vond. Een film die nog niemand gezien had: *'De taak om reacties in de gaten te houden werd groter dan heel ons team aankon voor één specifieke film, dus hebben we besloten om alle nieuwe reacties voor deze film te weigeren'*, zo zei hoofdredacteur Matt Atchity *'Er is teveel haat gebaseerd op deze reacties over een film die mensen nog niet eens hebben gezien'*. Het gevoel van haat over iets onbekends wat wordt aangevallen? Hoe sterk het effect van 'slimme marketing' op mensen kan zijn is verbazingwekkend. Over het schietincident in Aurora wil ik niet eens beginnen.

Wij marketeers duwen de wereld te hard lijkt het. Toen ik tijdens mijn opleiding Psychologie moest kiezen voor een afstudeerrichting, leek me 'Economische Psychologie' wel interessant. Je zou dan immers leren hoe consumenten in elkaar zitten, hoe ze denken en hoe je ervoor kunt zorgen dat ze jouw product kopen. Ik koos er destijds voor omdat me dat een geweldig idee leek, maar op dit moment vraag ik me af of we ons vak niet te goed uitoefenen. Weblogger Gavin Richardson verwondert zich over dit effect van marketing op mensen: *"Has our consumption now taken over out identities so much [...] that we now can lay blame to tragic events and unfortunate behaviors on a big business marketing campaign?"*.

Voor een man wiens ouders vermoord zijn om hun rijkdom, die zijn butler als zijn gelijke behandelt en die zijn 'speeltjes' inzet om gewone mensen te helpen, zou Batman voor Marx misschien wel de held zijn die hij niet mocht aanbidden. Hoe cru is het dan dat juist de 'slimme (outbound) marketing' van deze film zulke agressieve effecten op mensen heeft. En een vernietigende werking kan hebben op de lol van een bioscoopavondje.

"Everything I really believe in from a marketing standpoint will be ruined five years from today. 'Cause there's a funny little secret: marketers ruin everything! Everything that I really believe in, will become a tactic". Een paar zinnen uit een flinke maar zeer boeiende video van Gary Vaynerchuck over hoe marketing verandert. En van alle kleine zinnetjes uit deze video zette vooral deze me aan het denken. Want het klopt: zodra iets wat authentiek is succesvol wordt, wordt het door ons marketeers geanalyseerd, gestructureerd en maken we er iets fabrieksmatig van en halen er op die manier het hart uit.

Als je bij LinkedIn in een groep zit, zul je de mails wel kennen die je elke dag krijgt, met updates van discussies. En daarin staan ze steevast: mensen die de kortere weg naar het succes weten: *"How to make money by ..."*. En dan wat tips over hoe je zo snel mogelijk 'prospects' omzet in 'leads' en nog sneller 'converteert' naar 'customers'. Het lijkt wel een fabriek waar mensen aan de lopende band van begin naar eind gesleurd worden.

Het is deze 'industriële beweging' die steeds meer mensen tegen staat, en die jaren terug de 'slow movement' in gang heeft gezet: *"Stop the world, I want to get off"*. De beweging is begonnen vanuit de 'slow food' gedachte in 1986, met een protest van Italiaanse olijfolieboeren tegen het openen van een McDonalds bij de Spaanse trappen in Rome. Maar aan het grootste olijfoliemerk ter wereld is weinig 'slow' meer aan...

"Bertolli ontstond in 1865 in Toscane. In het kleine stadje Lucca maakten Francesco en Caterina Bertolli de eerste fles Bertolli olijfolie. In de jaren daarop groeide Bertolli uit tot een internationaal merk. Het is nu wereldwijd het grootste merk in olijfolie. Hoe hard Bertolli ook is gegroeid, een aantal dingen zijn hetzelfde gebleven. Al 140 jaar worden onze producten met evenveel trots gemaakt. En nog steeds is de Italiaanse levensstijl ons voorbeeld".

Tot zover het verhaal, vermoedelijk niks van gelogen. Wat me opvalt is dat het vele malen makkelijker is om dit verhaal op Google te vinden dan de werkelijkheid. Maar de aanhouder wint, want een kei in het zoeken van deze werkelijkheid is natuurlijk de Keuringsdienst van Waarde, en die heeft enige tijd terug al met veel moeite achterhaald dat de olijfolie van Bertolli (vanwege de kosten) helemaal niet uit Italië komt maar uit Spanje en Noord-Afrika. Maar ze ontdekten nog meer: op de fabriek in Italië prijkt de naam 'Knorr', er is maar één medewerker die alle sauzen maakt door op een knopje te drukken, en de vrouwen in de reclame zijn niet Italiaans maar Spaans. Het reclamebureau had niet eens de moeite genomen om de vrachtwagens in de commercial een Italiaans nummerbord te geven...

Bertolli is natuurlijk een prachtig voorbeeld van storytelling en 'fast marketing' (nota bene van olijfolie), maar in een wereld die steeds transparanter wordt kan een 'story' dat te ver van de werkelijkheid staat natuurlijk tegen je werken. Zo begint de twitterpagina van Bertolli volgens mij al met een leugen: in het profiel staat dat er vanuit Lucca getwitterd wordt, maar daar heeft Unilever helemaal geen vestiging...

En toen ik @bertolli vroeg waar ik informatie kon krijgen over de fabrieken waar hun producten gemaakt worden kreeg ik na een paar uur een mailadres van Unilever... Waarom geen link? En het advies van de mensen achter het mailadres? *"Achterop elk potje staat waar het gemaakt is"*.

De 'slow movement' heeft al een hele lijst met 'langzame bewegingen' op Wikipedia, maar 'slow marketing' staat daar nog niet bij. Vanuit de filosofie erachter (zie ook Wikipedia) zou je kunnen zeggen dat we de toenemende snelheid waarmee marketing in staat is om authenticiteit (zoals Bertolli) te industrialiseren en op die manier 'ontmenselijken' aan moeten pakken. Zodat we niet van elke authentieke 'beweging' een tactiek willen maken, en Gary Vaynerchuck over vijf jaar nog steeds kan geloven in wat hij nu gelooft...

Herhaling stelling: het aanmoedigen van consumptie is ook economisch gezien niet langer houdbaar

3 DE 'SALES FUNNEL': LAAT DE LEADS MAAR DOOR UW VINGERS GLIPPEN

Wat me opvalt als je artikelen leest over 'Inbound Marketing', is dat we het blijkbaar toch niet af kunnen leren om 'leads op te jagen'. De mensen die het vroeger heerlijk vonden om 100 mensen te bellen en daaruit één klant te vinden (en 99 te irriteren) hebben nu ontdekt dat je gelukkig nog steeds op leads kunt jagen. Je moet ze alleen eerst in een hoek van het reservaat drijven met iets dat ze een 'whitepaper' noemen, een rapport over een bepaald onderwerp. En om dat whitepaper te kunnen downloaden moet 'de lead' natuurlijk een paar gegevens (soms heel veel) over zichzelf invullen. En wat de 'Inbound Marketing'-experts dan adviseren? Binnen 5 minuten na het downloaden van het whitepaper moet de 'lead' al gebeld zijn...

Stelling: De 'verkooptrechter' werkt niet meer

Marketeers en verkopers lijken er soms van uit te gaan dat 'leads' geen uitgaande telefoontjes kunnen plegen. Of dat ze helemaal niet weten wat ze willen. Want waarom kunnen we niet gewoon wachten tot de klanten die wij verdienen (en die ons verdienen) contact met ons opnemen? Waarom moeten we ze hijgend opjagen vlak nadat ze een pdf gedownload hebben? Het werkt steeds meer averechts. Sterker nog: de band met de klant is veel sterker als hij of zij jou gevonden heeft.

Het grappige is dat de leveranciers van Inbound-marketingsoftware zelf de grootste hijgers zijn. Zo hoorde ik van iemand die een whitepaper van zo'n bedrijf had gedownload, dat hij binnen no time werd gebeld door een telemarketingbureau om te kijken of er nog geld aan deze persoon te verdienen valt. En in een discussie op LinkedIn werd geklaagd over de grote hoeveelheid gegevens die je moet invullen als je iets van deze softwareleveranciers wilt downloaden: *"The only thing they didn't ask me was my shoe size"*. Op de blogs van de leverancier omschrijven ze 'landing pages' als een soort 'vliegenvangers' waar je mensen niet interessante content biedt in de hoop dat ze contact met je opzoeken, maar een formulier waar ze hun privacy achter kunnen laten. En die ze vervolgens kunnen opjagen. Terwijl we al eeuwen weten dat dit niet zo werkt, van fabels uit die tijd.

De zon en de Noorderwind besloten eens een wedstrijdje te doen wie het meeste kracht had. Ze zagen een man langs een plas lopen en het doel van de wedstrijd was eenvoudig: zorg dat hij zijn jas uitdoet. De Noorderwind mocht eerst: hij begon te blazen en te blazen, maar het effect was tegengesteld: de man hield zijn jas alleen maar steviger vast en liep stug door. Toen was de zon aan de beurt: zij begon te stralen en te stralen, de man kreeg het warm en besloot zijn jas uit te doen en ging zijn voetjes in de plas baden. De moraal van dit verhaal? De meeste kracht zit niet in druk van buiten maar in de overgave van binnen. Komt dat herkenbaar voor? Zou kunnen, maar de fabel is toch al heel oud. Hij is nog voor de geboorte van Christus geschreven door Aesop, een man die zijn leven begon als lelijke slaaf, maar eindigde als adviseur aan koningen. Geloof je het niet? Staat gewoon op Wikipedia hoor.

Ik las laatst ergens een oneliner die ik erg interessant vond, en besloot hem te verbouwen door het woordje 'Friends' te vervangen door 'Leads': *"Leads are like sand in your hand: when you squeeze, they will slip through"*. Ik plaatste hem op Twitter en daar gaat hij nu nog rond. Maar ik begrijp het nog steeds niet: wanneer houden wij marketeers nou eens op met knijpen? Wat is daar zo leuk aan? Kan iemand het mij uitleggen?

Want al zolang als ik in de Marketing zit, en dat is nu al bijna twintig jaar, krijg ik het te horen: *"Hoe kunnen we daar meer leads mee genereren?"* Bij elk nieuw 'medium' (www, e-mail, etc. etc.) keert deze vraag weer terug, en nu hoor ik hem weer bij social media. Voor de niet-marketeers: leads zijn potentiële nieuwe klanten. Gewoon mensen dus. Jij en ik. En daar zit meteen het probleem: de mensen die deze vragen stellen beseffen vaak niet dat 'leads' gewoon mensen zijn.

Vijftien jaar terug zei ik tegen managers in de bouwmarktwereld (waar ik toen werkte): het zijn gewoon mensen, die klanten. Ze sterven niet als ze je winkel uitlopen, en als je ze als mensen behandelt, en niet als 'leads', dan zullen ze misschien nog reclame voor je maken ook. Dat scheelt weer een hoop advertenties. Maar ook nu in de B2B merk ik dat succes in marketing en sales vaak afgemeten aan hoeveel 'leads' worden gegenereerd. Want er wordt voor het gemak maar van uitgegaan: een deel van die leads zullen uiteindelijk wel verzilverd worden. Dat noemen ze het trechtermodel: je gooit de 'leads' (jij en ik) boven in de trechter, er vallen er een hoop af maar onderaan zullen wel een paar orders overblijven. Dat je in de tussentijd een hoop mensen geïrriteerd hebt (en dus je imago beschadigd) wordt maar op de koop toe genomen. Het gaat om de leads: 'leadofilie' zullen we maar zeggen.

De kunst voor marketing en sales was om op de juiste plekken in de 'sales funnel' te zorgen voor druk, een beetje zoals de pompen in een wildwaterrivier van Center Parcs. De wereld is echter flink veranderd, zo betoogt David Edelman in een artikel in de Harvard Business Review van enkele maanden terug. Er zit namelijk nog een stuk achter de 'sale' aan het eind van de 'funnel' dat in onze transparante internettijden alleen maar belangrijker wordt: de fase 'enjoy, advocate en bond'. Veel meer dan vroeger gaan de 'voormalige leads' hun ervaring met ons met anderen delen. En laten wij op dat moment nou net weer bovenaan de funnel zitten, op zoek naar de volgende lead. Wat David Edelman betoogt is dat deze fase tegenwoordig misschien nog wel belangrijker is dan de fase voor de koop, toen onze lead nog een leadje was zeg maar. David pleit voor twee grote veranderingen:
- Besef dat de beoordelingen van anderen veel meer invloed hebben

dan al die reclame waar niemand op klikt of niemand naar kijkt. Ga jezelf maar na: waar vertrouw je het meest op? Het versterken van de positieve 'word of mouth' werkt veel beter dan reclame.
- Verschuif de focus van 'paid' media (in het bezit van anderen en waarop jij betaald 'mag' adverteren) naar 'owned media' (eigen website e.d.) en vooral 'earned' media (media waar de consument 'de baas' is, zoals sociale media).

Toen ik enige tijd terug in Brazilië op een marketingcongres mocht presenteren, dook ik met de directeur van het congresbureau de avond ervoor het nachtleven van Sao Paulo in. Hij vertelde mij enthousiast over de manier waarop hij de 'sales funnel' bij zijn bureau georganiseerd had, er zouden maar liefst 300 mensen op het congres komen. Toen ik vroeg hoeveel 'cold mails' hij daarvoor had moeten sturen (in Brazilië mag je nog spammen) antwoordde hij '40.000'. *"So you iritated 39.700 people?"* vroeg ik met een vlaagje Hollandse directheid. *"No Edwin, people don't receive that many mails here"*. Hmm anders dan in Europa... Maar toen ik hem vroeg hoe hij mij als potentiële spreker gevonden had, antwoordde hij *"Because you were active on LinkedIn in discussions on the topic"*.

Inbound Marketing werkt dus ook aan de andere kant van de evenaar. En ook hier zal de dag komen dat mensen het helemaal beu zijn om onderbroken te worden door bedrijven die ze even wat reclame in de oren willen schreeuwen.

Het kan misschien nog even duren, maar dat is geen excuus voor ons marketeers om niet alvast met het idee bezig te zijn. Afbreken die 'sales funnels', en vervangen door een heerlijke 'Inbound Marketing' glijbaan.

We moeten niet langer proberen de jassen van mensen uit te blazen, maar zorgen voor een bakje water als ze aangeven warme voeten te hebben. En daar willen ze dan graag voor betalen.

Herhaling stelling: De 'verkooptrechter' werkt niet meer

4 'REALTIME MARKETING': IN HET ZWEMBAD

Toen Jeff Schwartz, directeur van schoenenfabrikant Timberland, op 1 juni 2009 zijn mailbox opende, stond hem een grote verrassing te wachten. De mails bleven komen en komen, allemaal in dezelfde trant: 'Timberland vernielt de wereld'. Het zou de start van een lange dag worden, en die dag zou de eerste worden van een bijzondere periode...

Omdat Jeff zichzelf een moderne manager vindt die begaan is met de wereld, besloot hij eens goed na te denken over een snelle en correcte reactie. Hij zette de hele bedrijfskolom onder druk, tot aan de koe toe die de huid voor hun schoenen leverde (deze bleek niet schuldig overigens). Eind juli kwam Timberland met de perfecte reactie: de hele bedrijfskolom was 'schoon' en vriendelijk voor de wereld. Twee maanden na de eerste mail, maar volgens de publieke opinie: veel te laat. In de Harvard Business Review beschrijft Jeff zijn belangrijkste les: hij had niet alles onder druk hoeven te zetten om met de perfecte reactie te komen, hij had meteen de eerste mailers moeten vertellen 'Ik vind het erg, ik ben ermee bezig en ik kom er bij u op terug'. Gewoon een niet-perfecte maar 'real-time' reactie als mens.

Stelling: campagnes werken niet meer, wees realtime

Nu is het al heel transparant dat hij fouten in een managementblad durft toe te geven, maar wat het voorbeeld vooral bewijst is dat we steeds meer naar een realtime-wereld toe gaan. Hebben we onszelf als marketeers geleerd om zaken goed voor te bereiden (plannen maken, onderzoek doen, reclamecampagnes opzetten etc.), nu kunnen we dat onszelf weer afleren.

In het boek Real-Time Marketing & PR vertelt David Meerman Scott dat snelheid in de marketing belangrijker wordt dan kwaliteit. Lange brainstormsessies, uitgebreide plannen, grote marktonderzoeken: zodra je op de markt komt is het al te laat: *"Act before the window of opportunity vanishes"*. En de wereld draait alleen maar sneller, kijk alleen maar hoe de 'oude' media bij calamiteiten achter de nieuwe aanhollen.

Deze boodschap van David betekent concreet dat je als bedrijf online moet zijn: zie wat er over je (bedrijf) gezegd wordt, praat mee en anticipeer. Stop met die campagnes en spring in de discussie.

Ook lange-termijnplannen schrijven heeft tegenwoordig weinig zin, de tijden zijn veranderd: in een weekend kan een Zuid-Europees land failliet gaan, terwijl ik een econoom wel eens heb horen vertellen dat landen niet eens failliet kunnen gaan. Veel plannen die enkele maanden terug geschreven zijn, zitten inmiddels weer in de shredder. Je wordt dan maar gevraagd om met verschillende scenario's te werken, maar de toekomst is minder voorspelbaar dan hij lijkt, en dat wordt alleen maar erger. Dus misschien maar geen drie scenario's maar zes? Of tien? Waar houdt het op?

Ik zag de zinsnede 'schieten op bewegende doelen' ooit voorbij komen. Dat is het motto tegenwoordig volgens mij: een meerjarenplan maken en dat uitvoeren werkt niet meer, je moet een globale visie hebben en inspelen op actuele ontwikkelingen. Mijn Marketingplan is een Powerpoint-bestand dat zichzelf bij het openen meteen updatet (ja zo schrijf je dat). Het haalt actuele informatie over de industrie uit ons Marketing Intelligence systeem, waarvoor we enkele jaren terug de eerste Business Intelligence award van Nederland hebben gekregen.

Echt plannen maken is dus niet meer nodig. Een visie vanuit je hart (en niet vanuit de concurrent) waar de klant op zit te wachten moet het startpunt zijn, en vervolgens hou je de bewegingen van de doelen in de gaten en probeert erop te schieten. Ernaast schieten mag, daardoor wordt het volgende schot alleen maar beter. Het scheelt je in elk geval veel tijd die je naar een scherm zit te staren om een plan te schrijven dat toch niet uitkomt.

Herhaling stelling: campagnes werken niet meer, wees realtime

Deel II: REAL Inbound Marketing

"We need to stop interrupting WHAT people are interested in and BE what people are interested in", een uitspraak van Craig Davis, nota bene een ex-directeur van een reclamebureau. Maar hij beschrijft in één zin wel wat Inbound Marketing inhoudt: niet lastig vallen maar interessant zijn. Of zoals Seth Godin het verwoordt: *"We have to make more conversations and fewer announcements"*.

In deel II wordt beschreven hoe Inbound Marketing werkt, maar dan niet de Inbound Marketing zoals veel 'specialisten' op dit gebied het zien: als een andere manier om 'leads' te stalken en op te jagen en door een 'verkooptrechter' te sleuren, namelijk pas nadat ze hun e-mailadres —vrijwillig, dat wel- hebben afgegeven. In de praktijk verandert er dan niet zoveel ten opzichte van Outbound Marketing: zodra je een formulier hebt ingevuld om bijvoorbeeld een whitepaper te mogen lezen, blijven ze je bellen en mailen.

In hoofdstuk 5 wordt beschreven wat Inbound Marketing is, gevolgd in hoofdstuk 6 door het basisprincipe van Content Marketing: delen. In hoofdstuk 7 wordt bekeken waar het bij Content Marketing om gaat (kwaliteit), en in hoofdstuk 8 in hoeverre content onbeschermd online gezet moet worden. In hoofdstuk 9 wordt 'Content Curation' besproken (content van anderen delen), in hoofdstuk 10 gevolgd door de kracht van transparantie. In hoofdstuk 11 wordt authenticiteit besproken, wat in hoofdstuk 12 wordt uitgewerkt naar Conversation Marketing.

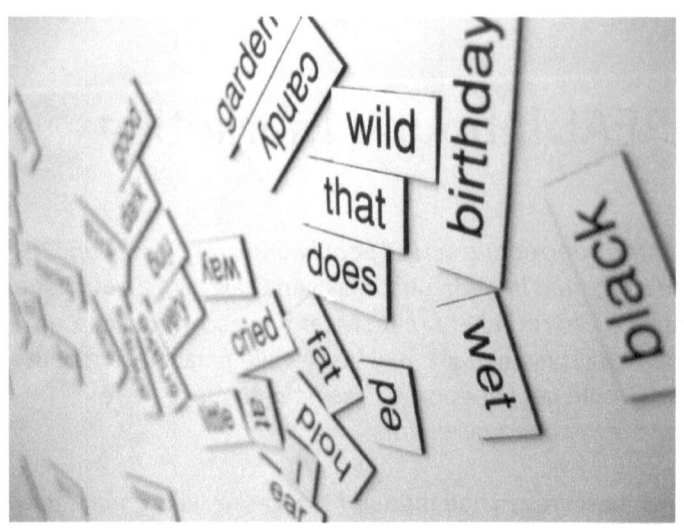

5 'INBOUND MARKETING': BUILD IT AND THEY WILL COME

In 1989 verscheen een vreemde maar indrukwekkende film in de bioscoop: Field of Dreams. In deze film wordt boer Ray Kinsella, gespeeld door Kevin Kostner, wakker gemaakt door een stem die zegt *"Build it and they will come"*. Het verhaal dat volgt is bijzonder: Ray ploegt een deel van zijn maisveld om en maakt er een baseball-veld van, en allerlei gestorven baseball-helden komen er spelen. Je kunt het bijna niet geloven, maar de film is erg goed.

Stelling: wees transparant en de klanten die je verdient zullen je vinden

Steeds meer marketingboeken die de laatste jaren op de markt verschijnen, zoals Unmarketing, komen met dezelfde boodschap: hou op met het voorgekookt 'duwen' van producten, hou op met het 'kopen' van aandacht via irritante reclameboodschappen, en zorg dat je aandacht en geld daadwerkelijk verdient met authentieke manieren waarop je je doelgroep wijzer en/of gelukkiger maakt. We leven in een tijd van transparantie en overvloed, een tijd waarin de macht niet langer bij het bedrijfsleven maar bij de klant ligt. Als marketeer moet je daarom overgaan van 'uitgaande' naar 'inkomende' marketing, zoals in een recent artikel treffend wordt geschreven: *"The New Marketing is any marketing tactic that relies on earning people's interest instead of buying it"*. Zorg voor aanbod dat voor je doelgroep relevant is, en verspreid dit via social media (of laat anderen het verspreiden!). Want wat het artikel ook duidelijk laat zien, is dat het 62% minder kost om op deze manier aan een nieuwe klanten te komen dan op de oude manier: door te betalen of smeken voor aandacht.

Bij een congres waar ik laatst moest spreken stelde een andere spreker een vraag aan het publiek: *"Hoe kan ik zorgen dat de regionale krant aandacht geeft aan ons IT-evenement?"*. Ik zei tegen haar: wie heeft tegenwoordig nog aandacht van regionale kranten nodig? We leven in transparante tijden, en de mensen van jouw doelgroep zijn continu 'online'. Ik vertelde haar over Field of Dreams, en over de stem die zei *"Build it and they will come"*. Ik adviseerde haar om dat als motto voor haar activiteiten te nemen: bouw een relevant evenement, vertel het rond, en 'ze' zullen komen. En in hun kielzog ook de regionale krant...

Het baseball-veld uit de film is nog steeds te bezoeken, de boer die zijn veld hiervoor beschikbaar heeft gesteld heeft het nooit meer omgeploegd. Hij heeft het gebouwd, en elke dag weer komen er mensen kijken.

Toen ik enige tijd terug op de vakbeurs ESEF rondliep en in gesprek raakte met een conculega (ja zo schrijf je dat), maakte hij een opvallende opmerking: *"Elk jaar komen er in Nederland minder klanten naar beurzen, Nederlanders zoeken tegenwoordig op internet naar leveranciers. Maar ik heb ontdekt dat Duitsers nog steeds in grote getale naar beurzen gaan, dus volgend jaar sta ik op de Hannover Messe"*. Het klonk op dat moment logisch, maar later begon ik er over na te denken: het lijkt wel of de beurs een doel op zich is geworden, in plaats van een middel om de relatie met klanten te verstevigen. Ik heb vaak discussies over de ROI van een vakbeurs, voor het geld dat je aan een vakbeurs kwijt bent kun je immers veel andere marketinginstrumenten inzetten. Maar wat me het meeste verbaasde was de opmerking *"Nederlanders zoeken op internet naar leveranciers"*. Zorg dan dat je gevonden wordt zou je zeggen...maar dat is natuurlijk veel moeilijker dan een beursstand naar Duitsland te verplaatsen. Of toch niet?

De crux zit hem in het concept 'Thought Leadership'. Bij ons bedrijf hebben we een stagiair enige tijd terug een 'thought leadership' strategie laten formuleren. Wat opviel is dat de begeleider van haar marketingopleiding het concept oorspronkelijk niet eens kende, maar dat deze enkele weken later zelf met de beste definitie kwam: *"Bij 'Thought Leadership' marketing gaat het erom dat je een toonaangevende positie in je markt inneemt voor wat betreft betrouwbaarheid, geloofwaardigheid en expertise, en dat je een voortdurende drive vertoont om steeds beter te presteren. Je streeft er dan naar dat iedereen jou als toonaangevende partij beschouwt in je markt. Op basis daarvan kun je dan, als e.e.a. lukt, je huidige klanten optimaal aan je binden en makkelijker nieuwe relaties werven".* Oftewel: zorgen dat je in je strategische markten gezien wordt als expert op belangrijke onderwerpen. Met 'je' wordt enerzijds ons bedrijf bedoeld, maar (meer en meer) ook de medewerkers van ons bedrijf. Zowel degenen die direct met klanten werken, maar ook specialisten op andere vakgebieden binnen het bedrijf.

De markten veranderen flink, ze worden verzadigd en transparant. Dat betekent dat 'pushen' enerzijds steeds slechter werkt, en dat je (dus) steeds meer aan 'pull' dient te werken. Of zoals Jeff Bullas het (hier) verwoordt: *"Ik heb in twintig jaar verkoop en marketing veel verkooptelefoontjes moeten plegen. In de afgelopen twaalf maanden heb ik geen enkel verkooptelefoontje gepleegd en niets geadverteerd, en toch is de omzet gestegen en mijn werk veel leuker geworden".*
We leven in een tijd dat mensen een steeds grotere hekel hebben aan marketeers en verkopers die proberen ze door een verkooptrechter te slepen, dus als je geen jager meer mag zijn zul je een goede boer moeten worden. Eentje die verstand heeft van zijn vak, en die bereid is deze kennis ook te delen. Dat is ook de reden dat we de presentatie van onze 'Thought Leadership'-strategie online hebben gezet. En daarmee tonen we meteen het principe zelf ook aan: wees relevant en transparant en de wereld komt naar je toe.

Want loop bij de start van een reclameblok op televisie eens bij een gemiddeld gezin binnen, en je ziet het gebeuren: ze duiken naar hun smartphone/tablet/laptop en starten internet (als ze er al niet op zaten). Ze zoeken iets bij Google, of kijken wat hun vrienden hen willen laten zien via Facebook, Twitter of LinkedIn. Wat is hier vreemd aan? Dat reclameblok. De bedrijven die daarin schreeuwen hebben niet door dat er in de marketingwereld een aardverschuiving bezig is: die van outbound naar Inbound Marketing. Oftewel: van lastig vallen naar gevonden worden.

Bij ons bedrijf willen we het heel anders gaan doen: stoppen met het betaald 'schreeuwen' naar de markt. We moeten ons niet langer met 600 man achter een website verschuilen naast het zwembad, maar juist met zijn allen in het zwembad duiken: *"The internet has turned what used to be a controlled, one-way message into a real-time dialogue with millions"*. We beseffen heus wel dat onze klanten (industrie en bouw) niet voorop lopen op Twitter en Facebook, maar ze zoeken allemaal wel via Google. En daar willen we graag gevonden worden. 'Inbound marketing' noemen ze dat.

Op de afdeling Marketing zijn we al enkele maanden actief met 'inbound' marketing, en elke week worden we wel benaderd door een bedrijf of organisatie die langs wil komen of die ons uitnodigen om te komen praten over projecten waar we mee bezig zijn (en waar we online over praten): bedrijven in onze markt, maar ook daarbuiten. En organisaties als het CBS die willen weten hoe we een bepaald soort onderzoek gedaan hebben. Enige tijd terug werd ik zelfs door de organisatie van een marketingcongres in Brazilië gemaild met de vraag of ik daar ons Marketingsysteem wil presenteren. Ze betaalden zelfs de reiskosten, terwijl die mensen mij alleen maar kennen van discussies in LinkedIn-groepen.

Ook in de B2B-sector zijn we nog erg gericht op de 'outbound' marketing: de markt benaderen via advertenties, telefoontjes etc. Maar dat hoeft dus niet meer. Overal zie ik marketeers worstelen met de markt: afnemers opsporen en volgen die steeds moeilijker op te sporen en te volgen zijn, en die dat ook niet meer willen. Maar ze willen je heus wel vinden, je moet gewoon zorgen dat je interessante en deelbare content online hebt staan. Ze zullen je vinden als ze aan het zoeken zijn, 's-avonds bij de TV. Veel goedkoper dan zo'n schreeuwerige commercial. En volgens Jon DiPietro *"the killer feature of inbound marketing: It keeps working when you're not"*.

Herhaling stelling: wees transparant en de klanten die je verdient zullen je vinden

6 'CONTENT MARKETING': DELEN LEVERT GELD OP

Blankenberge. Een jaar of zestien was ik denk ik. En achteraf bezien, een perfect marketingexperiment. Het was in de King Beach, en elke dag in de 'grote vakantie' werd in deze stranddiscotheek aan het eind van de avond de ober van de avond benoemd, degene die het meeste geld had verdiend. Want als klant mocht je zelf niet aan de bar bestellen, je moest dat via de obers doen. En die liepen natuurlijk de benen onder hun kont vandaan. Behalve één, die deed het heel anders. Hij zocht zijn 'doelgroep', meestal een clubje Brabantse mannen, en stapte er op af. En hij begon met geven, iets wat je de andere obers helemaal niet zag doen. En wat daarna gebeurde was mooi om te zien: hij werd opgenomen in de groep, was degene die liep (eh hij was de ober), werd ook dronken maar werd nooit moe. En elke avond was deze ober de ober van de avond. Marketing in een notendop. Eh wat ik me er van kan herinneren. Want als er een blondje voorbij liep was ik natuurlijk afgeleid.

Stelling: (content) delen is niet alleen moreel, maar ook economisch gezien de juiste keuze

Geven. Delen. Het heeft zo'n soft imago, terwijl het eigenlijk verschrikkelijk commercieel is. We hebben het bij ons bedrijf achterop onze vrachtauto's geplakt: *"Aangenaam kennis te delen"*. En deze 'spreuk' had enige tijd terug na een bouwcongres een opvallend effect. Verschillende mensen die aanwezig waren op dit congres, benaderden me achteraf omdat één van de sprekers een foto van onze vrachtwagen had laten zien. Hij vertelde 'Kennis delen, dit bedrijf begrijpt het', gevolgd door de opmerking 'Maar je zou het niet zeggen als je hun website bekijkt' (wat ook klopt). De mensen die mij benaderden vertelden dat ze verbaasd waren, omdat ze elke dag om 15.00 van ons bedrijf een mail krijgen die precies vertelt wat er in de bouw aan de hand is.

Lang verhaal kort: ik heb de goeroe uitgenodigd bij ons bedrijf en hem een fles wijn aangeboden die hij alleen zou krijgen als hij na ons verhaal nog steeds dacht dat we achterlopen op het delen van kennis (eh hij ging met lege handen naar huis). We waren het er samen zelfs roerig over eens: (kennis) delen en geven is slim, zeker in deze transparante tijden. Sterker nog: het was het belangrijkste thema van zijn presentatie op het congres.

"Takers may eat well, but givers sleep well", zo twitterde mijn held Simon Sinek laatst. Maar hij had het niet zelf bedacht, de quote kwam van Bert Jacobs (nee een Amerikaan) die de t-shirt website 'Life is good' heeft opgericht. Hij vertelt in een video over de tijd dat er bijna niks verdiend werd, tot het 'simple optimism' van hun website opeens verschrikkelijk aansloeg. Ze kregen opeens veel brieven van mensen wiens leven tot dat moment nogal tegen zat, maar die toch genoten van de simpele dingen in het leven: *"They didn't even take a simple moment with their friends for granted"*. En die mensen wilden hun t-shirt.

Geven is echt verschrikkelijk commercieel. Ik leerde het al in een discotheek in Bladel waar ik zelf 10 jaar gewerkt heb, de eigenaar was een marketeer 'avant la lettre'. Hij wist precies wie zijn doelgroep was, meestal een clubje Brabantse mannen, en stapte erop af. En hij begon met geven, mooi om te zien: de clubjes gaven al hun geld bij hem uit. Hij was nooit moe, en elke avond was hij ober van de avond. Mijn god wat heeft deze gever veel geld verdiend.

Herhaling Stelling: (content) delen is niet alleen moreel, maar ook economisch gezien de juiste keuze

7 'CONTENT MARKETING': MAAK GOOGLE JE VRIEND

"A-B-C. A-Always, B-Be, C-Closing. Always be closing, always be closing". Komt deze filmquote bekend voor? Het is verplichte kost voor iedereen in een commerciële functie, de klassieker 'Glengarry Glenn Ross', gebaseerd op een toneelstuk dat nu al dertig jaar oud is. De film won vele prijzen, maar was -opvallend genoeg- commercieel een flop: zelfs het budget van slechts $12,5 miljoen werd niet terugverdiend. Maar wat mij nog het meest verbaast: in de dertig jaar sinds het toneelstuk uitkwam is de wereld ontzettend veranderd, maar wij marketeers en verkopers werken nog steeds op dezelfde manier: leads converteren, *"Always be closing"*.

Stelling: bij echte content marketing gaat kwaliteit voor kwantiteit

Ik las onlangs een grappig artikel in de krant, de verkopers van Dixons krijgen een training waarin ze -kort gezegd- leren om de mensen die de winkel binnenkomen zo snel mogelijk het geld uit de zak te kloppen. Het is bijna lachwekkend als je nagaat...
- ...dat al éénderde van alle electronica direct online gekocht wordt, en de verkopers dus niet eens meer de kans krijgen om hun training toe te passen

- …dat de belangrijkste kracht achter e-commerce volgens onderzoek de hekel van mensen aan winkelverkopers is
- …dat de gemiddelde koper méér weet van het product dan de gemiddelde verkoper, simpelweg omdat ze voorafgaand aan het winkelbezoek zich al helemaal in het aanbod verdiept hebben op het internet. Google heeft er zelfs een term voor bedacht (en een boek over geschreven): The Zero Moment of Truth.

Uit onderzoek van Procter&Gamble van vele jaren terug bleek dat consumenten zo'n drie-zeven seconden in de winkel gebruiken om te beslissen welk merk ze van een product kopen, door de onderzoekers het 'First moment of truth' genoemd (het tweede moment is als het product gebruikt wordt). Uit recent onderzoek van Google blijkt dat beslissingsprocessen tegenwoordig online plaatsvinden, dus Google bedacht daarvoor de (bewust?) vreemde titel 'zero moment of truth', en schreef daar ook een boek over. Maar het klopt natuurlijk wel, kijk maar naar jezelf: hoe lang is het geleden dat je qua koopinformatie volledig op een verkoper vertrouwde? Tegenwoordig is de verkoper alleen nog nodig om te vragen waar het product ligt, en om de kassa te bedienen. Dus terwijl wij marketeers en verkopers ons aan het trainen zijn om consumenten uit de tijd van Glengarry Glenn Ross te 'converteren', lopen de klanten ons gewoon voorbij. Maar sommige bedrijven hebben het door, en zijn bezig met 'content marketing'. Ze plaatsen alle antwoorden online, en wachten tot deze gevonden worden. Klinkt in theorie goed, maar in praktijk blijkt dat wij marketeers toch weer te ongeduldig zijn. We willen toch weer leads converteren, *"always be closing"*. Ik merkte het enige tijd terug nog tijdens mijn vakantie.

Pas toen ik aan het Gardameer lag begon het me te dagen. Ik was op zoek naar de leukste plekjes in de omgeving, maar telkens als ik woorden als 'Garda' en 'old towns' of 'castles' intypte, kwam ik in een soort 'hotelval' terecht. Websites bovenaan Google waar je je zoekwoorden regelmatig terugvond, maar niet het antwoord op je vraag. Wel verschillende mogelijkheden om een leuk hotel in de omgeving te zoeken…

'SEO' heet dat, zoekmachine-optimalisatie. Of de zoeker een antwoord vindt doet er niet toe, als er maar zoveel mogelijk op je site terechtkomen. Want er zullen er altijd wel een paar een hotelletje boeken. SEO, je wordt ermee doodgegooid op LinkedIn en Twitter: x tips om hoger te komen bij Google. De grap is: Google houdt er zelf ook niet van, elke update van hun zoekmachine weet 'SEO' beter te omzeilen en plaveit de weg naar echte antwoorden op de vragen van mensen. Bij ons bedrijf zijn we ook bezig met het online plaatsen van antwoorden op de vragen die in onze markt veel gesteld worden, en ook wij vinden een goed antwoord op de vraag belangrijker (kwaliteit) dan zo veel mogelijk mensen op je site laten komen (kwantiteit). SEO-adviseurs krijgen er kromme tenen van, maar uiteindelijk zal Google ons de hand reiken...

We sluiten de content ook niet op achter een formulier. In een boeiende discussie onderaan een artikel over content marketing kwam het weer terug: als je leads wilt converteren moet je mensen die je 'content' willen een formulier in laten vullen, zo adviseren de SEO-adviseurs. *"Since my wife filled out a form over a year ago, we've been plagued ever since"*, zo klaagt een 'lead' in de film 'Glengarry Glenn Ross'. In dertig jaar tijd is er niks veranderd...

Wel jammer dat bedrijven die bezig zijn met content marketing proberen om hier snel mee te scoren. Een Engels spreekwoord zegt *"There are no shortcuts to anyplace worth going"*. Een nadenkertje, want zodra je de shortcut naar een 'place worth going' hebt gevonden, is de 'place' niet meer zo interessant. Natuurlijk. Wie de geweldige film 'Groundhog Day' gezien heeft, begrijpt de zin. Maar wat dat met SEO te maken heeft? Dat vertel ik later.

De hoofdpersoon in de film 'Groundhog Day' ontdekt dat hij elke morgen aan dezelfde dag begint, en (het is een man) besluit daar misbruik van te maken. Hij vraagt op dag 1 aan een knappe vrouw op welke school ze zat en hoe haar wiskundelerares heette, en op dag 2 gebruikt hij deze kennis om te doen of hij destijds naast haar zat, en praat haar dezelfde dag nog -hij moet wel- het bed in. Wat hij echter de hele film (en vele dezelfde dagen) tevergeefs probeert, is om zijn aantrekkelijke vrouwelijke baas ook in één dag het bed in te krijgen. Hij haalt alle trucs uit de kast, maar geen ervan werkt, zo'n 'meisje' is ze niet. Pas als hij aan het eind van de film de moed opgeeft en (inmiddels een beter mens) gewoon een dagje zichzelf is, wordt ze smoorverliefd op hem. Verdorie, nu verklap ik hoe het afloopt.

De link met SEO? Overal in de marketinggroepen op LinkedIn zie je mensen die proberen met 'shortcuts' dingen te bereiken: het kopen of ruilen van 'likes' of 'tweets', verkapte advertenties, het zodanig 'sleutelen' aan titel en inhoud dat je bij Google hoger in de zoekresultaten aan de linkerkant komt, noem maar op. Dat laatste heet dus SEO, en Google doet steeds meer haar best om 'sleutelaars' tegen te werken. Elke week word ik wel gebeld door een bureau dat zegt *"Ik kan u helpen om hoger bij Google te komen"*. Ohra heeft het een paar jaar terug ook eens geprobeerd, Google belazeren, maar was vervolgens maandenlang onvindbaar. En onvindbaar bij Google betekent tegenwoordig: niet bestaand.

Nu worden er tegenwoordig weinig pogingen meer gedaan om Google echt te belazeren, maar een zoekopdracht op de afkorting SEO leert je dat er bij het schrijven van content nog steeds heel erg wordt gekeken naar de invloed op de plek in de zoekresultaten. Wat in een recent artikel echter mooi verwoord wordt (*"It's official: Google loves content"*) is dat de zoekprofessoren bij Google steeds beter hun best doen om 'SEO-sleutelaars' te omzeilen (zelfs straffen!) in hun zoektocht naar relevante content. Of zoals een Google-medewerker het in het artikel verwoordt: *"We have more understanding of sites that have good content, even if it isn't search engine optimized like many marketers have learned to do. The sites that will be penalized are those that "throw too many keywords on the page, exchange way too many links, whatever they're doing to go beyond what a normal person would expect."*

Toen mijn weblog enige tijd terug door Blogstylers op geweldige wijze 'gegrilled' werd was het één van de adviezen: 'schrijf SEO'. Naast het advies om de berg bovenin mijn weblog te verwijderen (ik hou van die berg), was dit het andere advies waar ik wat moeite mee had. En de zoekstrategie van Google bevestigt mijn gevoel in deze: mensen hebben een zesde zintuig voor niet-authentieke boodschappen. Oftewel: schrijf gewoon vanuit je hart en wees relevant, Google zal je vinden. En vervolgens ook de wereld. Precies zoals de hoofdpersonen in Groundhog Day elkaar vonden.

Herhaling stelling: bij echte content marketing gaat kwaliteit voor kwantiteit

8 'CONTENT MARKETING': CONTENT ACHTER EEN HEK?

"Hee pap ik wil eigenlijk dat we UIT het bel-me-niet register gaan", zei mijn oudste dochter onlangs. *"Hoezo? Dan gaan ze ons allemaal bellen om iets te verkopen". "Ja maar da's leuk, dan kan ik ze afzeiken".* Hmmm als dat een sport wordt bij haar generatie dan vermoed ik dat Outbound Marketing sneller wordt ingehaald door Inbound Marketing dan ik had verwacht.

Stelling: content wil vrij zijn

Er is veel gaande op het gebied van Inbound Marketing, veel bedrijven zijn bijvoorbeeld bezig met het online zetten van content, alleen al omdat het veel goedkoper is dan Outbound Marketing (handig in een crisis). Wat me telkens nog wel verbaast is de drang van veel inbound marketeers om de content die ze online plaatsen toch nog even achter een hek te zetten. *"Je mag mijn whitepaper wel downloaden, maar dan moet je eerst al je persoonlijke gegevens tonen, zodat ik in één oogopslag kan zien of ik snel geld aan je kan verdienen".* Toch nog een beetje Outbound Marketing dus, want binnen 5 minuten na het invullen van het formulier word je al gebeld.

Onlangs kwam ik via LinkedIn in gesprek met een Indiër, hij verbaasde zich ook over wat hij noemt 'gated content', en de grote hoeveelheid vragen die de contenteigenaar stelt voordat je de poort binnen mag: *"Dude, you will make for a very crappy first date when you ask all these things right after introductions."* De man had wat onderzoek gedaan naar 'gated content', zo blijkt marketinggoeroe David Meerman Scott eens te hebben berekend dat 'ungated content' (waar je dus geen formulieren voor in hoeft te vullen) maar liefst twintig tot vijftig keer vaker gedownload wordt. Is dat niet herkenbaar? Je wilt een pdf downloaden maar je moet eerst een A4 vol gegevens invullen, en dat je denkt *"shit dan word ik zodadelijk gebeld door iemand waar ik helemaal geen zin in heb"*?

De Indiër heeft ook besloten om uit principe alleen nog maar onzin in de 'whitepaper-formulieren' in te vullen: *"I am not going to get into details, but let's just say that there are a lot of Frodo Wolverines with a funny sounding email ID living in 221B Baker Street, Atlantis in a number of customer contact databases"*, en hij blijkt niet de enige. Hij geeft ook aan dat hij 'de dans' wel zal leiden: *"My inbox has around 4000 unread mails. If I need something, I will mail you and ask for information. I, and most of your prospects, am not into you yet"*. Geduld dus. En dat hebben wij marketeers niet, dat vinden we 'te passief'. Het grappige is dat wanneer je zoekt op de term 'gated content', die op zich niet zo positief klinkt, je vooral links krijgt van bedrijven die je kunnen helpen met het 'gaten'. Het is dus een vak blijkbaar, een soort marketing-dierentuinverzorgers.

Eigenlijk is het vreemd, dat we praten over Inbound Marketing, maar toch niet het geduld op kunnen brengen om te wachten tot de klant ons benadert. De laatste keer dat ik keek hadden klanten gewoon een telefoon die naar buiten kon bellen, en een mailbox die naar buiten kon mailen. Maar zelfs de Indiër legt in zijn artikel uiteindelijk uit welke content je wel achter een hek moet zetten en welke niet. Terwijl hij zelf zo'n hekel aan die hekken heeft! En nota bene onderaan een artikel van Hubspot dat pleitte voor het verwijderen van alle hekken rond content stond een link naar een 'free e-book' van David Meerman Scott....maar je moet wel even eerst een formulier invullen...

Eigenlijk is Inbound Marketing met 'gated content' dus geen ECHTE Inbound Marketing, het is semi-Inbound Marketing. Bij ECHTE Inbound

Marketing vertrouw je erop dat de klant je vindt als je transparant bezig bent. Dat je niet hoeft te jagen of te pushen. En als niemand je vindt als je transparant bezig bent, doe je blijkbaar iets waar niemand op zit te wachten. Mijns inziens kun je daar dan beter maar mee ophouden. Dan zul je mijn dochter ook nooit aan de lijn krijgen. Zij deelt liever content…En ze speelt in musicals.

"Het is verboden foto- en/of video-opnames te maken. Veel plezier". Een opvallende zin als je er over na gaat denken. En de zin zette me ook aan het denken, toen ik naar de musical Hair keek waar mijn oudste dochter in speelde. Want ik vond het raar, ik heb heel veel betaalde reclame voor de musical gezien maar deze kans om van gratis reclame gebruik te maken liet men liggen. Dat de acteurs niet willen dat er geflitst wordt kan ik begrijpen, maar verder apen alle musicals deze zin gewoon allemaal van elkaar na.

Wat is de angst? Dat iemand een Instagram-foto van de musical ziet en denkt *"ik heb het gezien, daar hoef ik niet meer naar toe"*? Zelfs als ze een stukje film op Youtube zetten denkt er volgens mij niemand *"Ik heb 3 minuten gezien, dus een bezoek is niet meer nodig"* of *"Nee de DVD hoef ik nu niet meer te kopen"*. Als alle bezoekers foto's en video-opnames op hun Facebook of Twitter mogen zetten in combinatie met geweldige recensies (en de musical was ook erg goed), werkt dat dan niet veel beter dan al die betaalde advertenties? Krijg je niet een tijd dat het verdacht wordt als er geen beelden van dit soort evenementen online staan? *"Blijkbaar is het niet geweldig, ze maken er reclame voor zag ik".*

Veel bedrijven moeten er nog erg aan wennen, content gratis weggeven. Maar als je het idee uit het boek 'Free' van Chris Anderson volgt (het boek is zelf ook een tijdje gratis geweest) is het eigenlijk simpel: met gratis content kun je ontzettend veel mensen naar je 'etalage' trekken, elke 'kijker' erbij kost je immers niets meer. En zelfs als maar een heel klein percentage van deze mensen daadwerkelijk de winkel binnenloopt en iets koopt, dan is dat absoluut gezien veel. En wat doen oude media? Die zetten al een hek bij de ingang van de straat: *"Om ons nieuws te mogen lezen moet u eerst abonnee worden".* Een blad als The Economist heeft het wel door: als je daar een stuk of vijf artikelen hebt gelezen wijzen ze je op het abonnement, maar na vijf artikelen heb je misschien ook wel echt behoefte aan een (digitaal of papieren) abonnement, blijkbaar is het een 'blad voor jou'.

In de wereld van de mobiele apps is het model ook ontzettend populair, en wordt daar 'freemium' genoemd: je kunt een spel downloaden en gratis helemaal spelen. Maar als je verslaafd raakt en het spel op een 'hoger niveau' wilt spelen dan kun je kleine uitbreidinkjes kopen. En daar heb je dan best geld voor over, je voelt je nooit belazerd want het spel is gewoon leuk.

In de metaalhandel, waarin wij ook werkzaam zijn, heeft een bedrijf uit India een interessante beweging gemaakt qua bedrijfsmodel, je zou het bijna een 'blue ocean strategy' kunnen noemen. Terwijl vakbladen hun websites helemaal afsluiten voor iedereen behalve abonnees, zette Steelguru een website op vol openbaar metaalnieuws. Inmiddels zijn ze alle 'betaalde' concurrenten voorbijgestreefd, en ontvangen ze miljoenen bezoekers per maand. Gratis, en toch verdienen ze heel erg veel geld. Want tussen en in de nieuwsberichten staan voor de liefhebbers (mensen die de 'diepte' in willen) links naar dure rapporten of abonnementen op databases vol hele specifieke informatie. Ik heb van de eigenaar van het bedrijf inmiddels begrepen dat ze méér geld met betaalde content verdienen dan met hun oorspronkelijke bedrijfsmodel: de metaalhandel.

Weg dus dat hek aan het begin, laat iedereen bij je etalage. Maak van je content een gratis glijbaan, met aan het eind voor degenen die het echt leuk vinden de gelegenheid om geld achter te laten voor een 'premium', iets specifieks, iets tastbaars of een leuke belevenis. Zoals een indrukwekkende musical.

Herhaling stelling: content wil vrij zijn

9 'CONTENT MARKETING': CURATION VOOR BEGINNERS

"Bedankt dat jullie me jarenlang op de hoogte hebben gehouden van de ontwikkelingen in mijn markt. Ik ga nu met pensioen en zal het marktnieuws niet meer nodig hebben". Een mail van deze strekking krijg ik een paar keer per maand, de laatste tijd trouwens steeds vaker met 'want mijn functie houdt op', maar dat terzijde. De meeste mensen die zich uitschrijven voor de dagelijkse e-mailnieuwsbrief van ons bedrijf zijn mensen die de inhoud van deze mails niet meer nodig hebben in de nieuwe fase van hun leven. Als je er over nadenkt is het eigenlijk raar: elke dag om 15.00 ontvangen 3200 klanten een mail van ons bedrijf. Al jaren: we hebben er een jaar of 6 geleden zo'n 4000 geabonneerd, dus zo'n 80% zit nog steeds in deze mallemolen. Waarom ze dat willen vertel ik straks. Dan vertel ik ook over onze 76 Twitter accounts.

Stelling: content mag ook gestuurd zijn

Veel bedrijven zijn bezig met 'content marketing', en beseffen dat uiteindelijk ieder bedrijf een soort uitgeverij van kennis zal worden. Maar als je klanten wilt helpen met kennis hoef je dat niet alleen met 'verse' content (content = relevante kennis zoals weblogs of video's) te doen, je kunt ook 'curator' worden. Een 'content curator' verzamelt en verspreidt kennis die zijn 'doelgroep' wellicht interessant vindt. De term is vrij nieuw, maar met het idee erachter zijn we bij ons bedrijf al een tijdje bezig. Al sinds 2001 om precies te zijn.

Het was crisis in 2001. Bij ons bedrijf werd de marketingafdeling gehalveerd, een periode vol emotie. Maar ook frustratie: mijn plan om onze 'marketing intelligence' uit te breiden viel in duigen, daar was simpelweg geen 'mankracht' meer voor. Twee mensen waren de helft van hun tijd bezig met het maken van een knipselkrant (nog op papier), maar dat ging dus niet meer. En toen kwam ik de site Webagent tegen.

Webagent was ontwikkeld door een student, een fan van Quentin Tarantino die geen zin had om elke dag in de televisiegids te kijken of er nog een film van deze regisseur op de televisie zou komen. Hij bouwde een site die voor hem tweemaal daags op een televisiegids-site keek, op zoek naar het woord 'Tarantino'. Als Webagent niks vond dan hoorde je ook niks, zodra hij iets interessants zag kreeg je een melding via de mail. En dat sloot mooi aan bij de situatie bij ons bedrijf: we wilden Marketing Intelligence uitbreiden, maar moesten dat met minder mensen doen. Ik gaf de student een bedrag om aan Webagent een stuk maatwerk toe te voegen, en deze ging vier keer per uur op bezoek bij nieuwspagina's van concurrenten, klanten, leveranciers etc. etc. Wij hoefden dus niet meer naar marktkennis op zoek, we lieten het naar ons toekomen... En op die manier hielden we aanvankelijk onze marketingafdeling en later alle collega's op de hoogte van de ontwikkelingen in de markt.

Jaren later was het systeem flink uitgebreid, en waren we in staat om de verzamelde marktkennis ook met klanten te delen. We besloten in de loop van 2006 ongeveer 4000 klanten ongevraagd te abonneren op een dagelijkse marktnieuwsmail, maar de drempel om uit te schrijven heel laag te maken. We wilden immers niet spammen. Uiteindelijk heeft 20% van de klanten zich uitgeschreven voor de mails, en uit een kleine steekproef bleek dat 30% wel abonnee wilde blijven maar niet echt vol overtuiging, en 50% onze dagelijkse mails als een waardevolle toevoeging zag. Want het bijzondere is: de dagelijkse nieuwsmail is helemaal op maat. We weten immers welke producten elke klant bij ons koopt en in welke branche ze actief zijn, en op basis daarvan stelden we destijds een nieuwsprofiel op: klanten die aluminium bij ons bedrijf kopen krijgen nieuws over de aluminiummarkt, mensen die dat niet kopen niet. Mensen die in de bouw actief zijn krijgen geen marktnieuws over de industrie, en vice versa.

Wat me opvalt bij veel e-mailcampagnes, is dat ze erg 'narcistisch' zijn: de leverancier en zijn producten staan telkens centraal: *"We hebben een nieuw product voor u"* of *"een interessante aanbieding"*. Als je dan hoort hoe weinig klanten (nog steeds) geabonneerd zijn op nieuwsbrieven van hun leveranciers dan verbaast me dat niet. Eén van de redenen dat na 6 jaar nog steeds 80% van onze klanten elke dag een mail van ons bedrijf willen ontvangen is omdat zij zelf in onze mails centraal staan, om precies te zijn: de markten waarin zij opereren. Slechts sporadisch vertellen we iets over onszelf of over nieuwe producten in deze mails. Maar dat is ook het kenmerk van het fenomeen 'permission marketing': om mensen lastig te mogen vallen met je boodschap moet je eerst iets voor ze doen, en op die manier 'permissie' hiervoor opbouwen.

Onder het motto 'we hebben het toch al digitaal beschikbaar' hebben we dit jaar 76 Twitter-accounts aangemaakt, één voor elke assortimentsgroep en één voor elke branche waarin onze klanten actief zijn. Iedereen die interesse heeft in de markt voor aluminium platen kan @mcbaluplaat volgen. Of @mcbopslagtanks. Of @mcbbedrijfsauto. Al zo'n 1000 mensen volgen onze accounts. En onlangs hebben we via de site paper.li 76 weekkranten automatisch laten genereren, aangezien een deel van onze klanten het nieuws liever niet dagelijks maar wekelijks ontvangt. En aangezien dit vaak wat oudere klanten zijn: omdat ze het kranten-format kennen van de papieren versie...

Zoals in het begin gezegd: content (relevante inhoud) wordt steeds belangrijker, maar je hoeft niet per se zelf de bron van deze content te zijn. Als je de markt helpt met het zoeken, vinden en doorsturen (via de door de ontvanger gekozen media) van relevante inhoud ben je een goede 'curator'. En zullen klanten misschien wel tot hun pensioen bereid zijn bij je te kopen...

Herhaling stelling: content mag ook gestuurd zijn

10 DE KRACHT VAN TRANSPARANTIE

Op 19 juni 2010 werd Katie Fisher doodgereden op een kruispunt in Baltimore door een auto die door rood reed. Katie had zelf blijkbaar ook niet goed opgelet, maar de verzekeringsmaatschappij van de roodrijder dacht niet lang na en maakte geld over. Maar niet al het geld: de andere partij bleek onderverzekerd. 'Gelukkig' was Katie bij verzekeringsmaatschappij Progressive verzekerd voor dit soort situaties. Maar Progressive had geen zin om te betalen: na een lang en ingewikkeld verhaal stonden de ouders van Katie in de rechtzaal tegenover de roodrijder, die mede werd verdedigd door...de advocaten van Progressive. Ze streden tegen hun eigen klant om onder de kosten uit te komen...

Omdat de 'claims general manager' van Progressive besefte dat we in transparante tijden leven deed hij op hun website een poging om de gemaakte beslissingen te verdedigen, maar uit de honderden reacties eronder is af te leiden dat hij er niet echt goed in slaagde... De foute cultuur van Progressive werd breed uitgemeten in de Amerikaanse pers en Progressive verloor veel klanten. Zo werkt dat tegenwoordig, in deze transparante wereld.

Stelling: transparantie geeft vertrouwen

"Microsoft besteedt 1 miljard aan marketing Windows 8". Ik moet dan altijd denken aan het citaat: *"Advertising is the price you pay for being unremarkable"* van Amazon-baas Jeff Bezos. Want Amazon had zoveel geld niet nodig om zijn Kindle te introduceren, en ook voor Apple voegen de advertenties weinig toe: de hele wereld weet het als er nieuwe Apple-software aan komt. Ze maken gebruik van de transparantie die het internet biedt, en het feit dat ze 'remarkable' zijn natuurlijk. De vraag is natuurlijk wel of bedrijven als Microsoft het aan durven om van deze transparantie gebruik te maken, want dat betekent ook een beetje openheid van hun kant. En dan ruiken mensen misschien de 'vieze geurtjes' van de bedrijfscultuur. Zoals bij Progressive in het voorbeeld hierboven...

In 2002 gingen twee metaalconstructies door hun hoefjes: een dak van Ikea in Amsterdam en een dak van Van der Valk in Tiel. Dat kan gebeuren in een jaar tijd natuurlijk. Maar marketingdeskundige Max Kohnstamm stelde een interessante vraag: *"Is het iemand opgevallen hoe verschillend de media op deze incidenten reageerden?"* Op het instorten van het dak van de Ikea was de algemene reactie van media en maatschappij *"wat zielig, hopelijk is het snel gerepareerd dat we weer naar binnen kunnen"*. Maar de reactie op het incident bij Van der Valk was heel anders: alle gemeentes met een vestiging van Van der Valk gingen de blauwdrukken nog eens nakijken op mogelijke bouwfouten. De verklaring van Kohnstamm voor dit verschil? Ikea is een transparant bedrijf, Van der Valk een gesloten familiebedrijf.

Maar waarom wordt anders op transparante bedrijven gereageerd? Dr. Phil geeft antwoord met een van zijn oneliners: *"Those who hide nothing have nothing to hide"*. Dat is even een doordenker, maar het komt erop neer dat mensen en bedrijven die transparant zijn, blijkbaar niets te verbergen hebben.

Ik las ooit *"Als de ramen opengaan zijn bedrijven méér bezig met de vieze luchtjes die naar buiten gaan dan met alle frisse wind die binnenkomt"*, en ik merk dat als ik dit tegen mensen zeg die in de industrie werkzaam zijn, het bij hen heel bekend voorkomt. De angst voor transparantie is groot, ook bij ons bedrijf moeten we hier nog aan wennen.

En dat terwijl er met transparantie zoveel voordeel te behalen valt, onder andere in het besparen van marketingkosten. 10 jaar terug stond Google op het punt om miljoenen aan marketingactiviteiten uit te gaan geven, maar omdat het bedrijf door nerds geleid werd, werd besloten om het geld aan nieuwe servers uit te geven. De enige marketinginvestering die Google deed tot het moment dat ze het sterkste merk ter wereld waren, is het sponsoren van het voetbalelftal van Mountain View. Daar zijn blijkbaar veel fans van. Nee, de verklaring is natuurlijk dat ze besloten (vrijwel) volledig transparant te worden, en dus ook open te gaan staan voor samenwerking met de gebruiker.

Ik praat de laatste maanden actief mee op de 'vraagsite' Quora.com, een website waar je vragen over je vakgebied (of andere zaken) kunt beantwoorden. Ik zie vaak de vraag voorbij komen 'Hoe moet ik als starter met een klein budget aan marketing gaan doen'. En mijn advies is dan altijd: toon je kennis en persoonlijkheid aan de wereld, en de wereld zal je volgen. En je voorkomt zo dat je ooit een miljard aan marketingkosten uit zult moeten geven.

Herhaling stelling: transparantie geeft vertrouwen

11 'AUTHENTICITEIT': HET ECONOMISCH VOORDEEL

"Het is echt vreemd, ik weet niet beter dan dat wanneer een groep mensen zich om mij heen verzamelt, ik elk moment in elkaar geslagen kan worden". Een uitspraak van Lauren Luke, die het op school niet makkelijk had. Maar ze doet de uitspraak op een bijzondere plaats: Times Square in New York. En deze keer wilde de massa haar niet in elkaar trappen, de massa was helemaal weg van Lauren, ze stonden in de rij om haar nieuwe make-uplijn te kunnen kopen. En om dat te bereiken deed Lauren iets heel moeilijks: ze was en bleef zichzelf op social media.

Stelling: authentieke verkopers verdienen het meest

Ik zie ze heel vaak voorbij komen: 'x ways to be authentic on social media', of een variant daarop. In één van de bijbels op Inbound Marketing-gebied werd het al geadviseerd: mensen zijn dol op lijstjes, geef ze die. En daarom word je er nu mee om de oren geslagen op Twitter en bij LinkedIn-groepen. En allemaal komen ze op hetzelfde neer: een snellere weg naar succes. Maar de Engelsen hebben het al eens heel mooi verwoord: *"There is no shortcut to a place worth going"*...

Lauren is ook Engels. Ze werd in 1981 geboren in een arm gezin ten zuiden van Schotland, en heeft veel ellende meegemaakt. Haar vader verliet het gezin toen haar moeder een tweeling kreeg, en toen Lauren zelf op vijftien-jarige leeftijd zwanger werd verliet ook haar vriend haar in de week dat hun kindje geboren werd. Na geflopt te zijn op school en in enkele banen, besloot ze alles op alles te zetten: ze kocht een voorraadje make-up van een groothandel en begon deze via eBay te verkopen. Maar ze deed iets slims: in plaats van foto's van make-up in doosjes op eBay te zetten, gebruikte ze foto's van haar opgemaakte gezicht. Voor het eerst dichtte iemand de kloof tussen de advertentiebelofte en de praktijk...

Dat werkte goed, te goed: ze kreeg zoveel e-mails per dag over hoe ze de make-up had opgebracht, dat ze besloot zich over haar schaamte te zetten en een Youtube-kanaal te openen (juli 2007): Panacea81. Het is boeiend om de kloof te zien tussen haar allereerste video, waarin ze vanwege haar accent niet eens durfde te praten, en een video van een jaar later, waarin ze al veel zelfverzekerder overkomt. En het accent maakt het juist charmant.

In korte tijd werden haar video's miljoenen keren bekeken door 'fans' (Lauren houdt niet van dat woord, ze zegt liever 'vrienden') en toen ging het hard: ze kreeg het aanbod om een eigen make-uplijn op de markt te brengen, ontmoette de Queen en de 'oude media' ontdekten haar online succes: filmploegen uit de hele wereld wilden haar slaapkamer filmen, waar ze nu nog steeds haar Youtube-filmpjes opneemt. Dat laatste is belangrijk, want zoals ze haar eigen "story" op haar website afsluit: *"I don't like people calling me a celebrity [...] I live quite a simple life when I'm at home. [...] I love going for long walks in the country with my son Jordan and our three dogs Mindy, Phoebe and Sooty. They are very cute but they also snore and fart a lot"*. Blijkbaar kun je één van de drie honden zelfs horen snurken op de achtergrond van Lauren's video's.

Een ander voorbeeld van iemand die eenvoudig is geboren en multimiljonair is geworden door zichzelf te zijn EN te blijven is Gary Vaynerchuck, zoon van wat hij noemt een 'Sovjet-dad' uit Wit-Rusland en al sinds zijn 8e levensjaar een ondernemer. Gary is één van de grootste wijnexperts ter wereld en verdient (indirect!) tientallen miljoenen per jaar aan het verkopen van wijn. Want wat hem, net als Lauren, onderscheidt van de rest van de mensen die veel geld willen verdienen, is dat zijn uiteindelijke 'dagelijkse drive' niet het geld is. Hij heeft altijd direct contact gezocht en gehad met al zijn klanten, nooit op een geautomatiseerde manier. Bekijk voor de grap eens zijn Twitter-timeline, en zie hoe vaak hij persoonlijk reageert op tweets van klanten. Hij beantwoordt ook alle mails, waarbij hij enige tijd terug in een interview aangaf *"Ik loop misschien 2500 mails achter op dit moment. Dat lijkt veel, tot je beseft dat ik zo'n 1000 mails per dag ontvang"*.

Een leuke, snelle manier om Gary te leren kennen is door te kijken naar zijn interview op CNN met Piers Morgan. Gary's uiteindelijke doel is overigens om de New York Jets te kopen, hij vermoedt dat dat nog een jaar of 10 gaat duren. En wat Gary onlangs nog het meest verraste is dat iemand (hij weet niet wie) de site thanksgary.com voor hem heeft gebouwd. Een hommage aan een man die gewoon nog leeft, maar blijkbaar erg inspireert. En met wat scheldwoorden: elk filmpje van hem begint met de zin *"This video contains colourful language"*, maar volgens zijn boekingskantoor kan hij zich desgevraagd wel inhouden.

Wat opvalt aan heel veel social media goeroes, is dat ze zelf niet praten over honden die scheten laten, of dat ze net als Gary geen disclaimers voor hun videopresentaties laten zien. Ze communiceren politiek correct, terwijl dat helemaal nergens voor nodig is volgens de trend 'maturialism'. Kort gezegd: dankzij het internet schrikken mensen tegenwoordig niet meer zo snel van 'kleurrijk taalgebruik'. Volgens de bedenkers van de term 'maturialism' is het zelfs slim om af en toe wat van dit taalgebruik te gebruiken, immers uiteindelijk is maar een paar procent van de bevolking hier echt door ontdaan, de rest doet dat zelf ook. En vindt het geweldig als jij dat als 'leverancier' ook doet. Het is authentiek, en niet geautomatiseerd. Want daar hebben mensen heen hekel aan.

Want het verhaal is best triest. En toch ga ik het vertellen. Een vrouw uit mijn omgeving. Enkele jaren terug al. Ze krijgt een kind, dat helaas al vroeg sterft. Een half jaar later: een brief van een melkfabriek: *"Jullie Simon is een half jaar oud nu, en kan overschakelen op andere melk"*. De campagne van deze melkfabriek was misschien heel succesvol, misschien wel 5% respons. Of 6%. Of 7%. Heel veel redemptie en conversie en zo. Maar ik weet hoe zij zich voelde toen ze de brief opende.

Wij marketeers zijn er zo goed in: analyseren, aggregeren, aboliseren. Allerlei vaktermen (die laatste is verzonnen trouwens) die ik ook ken, omdat ik les gaf in Marketing tot ik de stof achterhaald vond. Morgen zitten we weer op een congres over Big Data, en overmorgen op een congres over de volgende hype. Maar volgens mij gaat marketing maar één richting op, die van mens tot mens. En heet het dan nog marketing?

Eigenlijk is er maar één marketingterm die in de toekomst nog relevant is: context. Als je met je klant wilt communiceren, hoe voelt ze zich op dat moment? Het grappige is: als je marketingweblogs afstruint op de vakterm 'context' kom je toch weer een 'wetenschappelijke' aanpak tegen: *"Context is het grotere, betekenisgevende kader waarbinnen iets plaatsvindt. Combineer semantiek (betekenis van wat je zegt) met profiling (begrijpen tegen wie je het zegt)."*. En natuurlijk kun je software kopen om je daarbij te ondersteunen. Software om als mens te kunnen reageren?

Simon Sinek verbaast zich er ook over, op een Tedx-congres in Maastricht: de afstand tussen de mensen in bedrijven en de mensen in hun markten. Toen zijn airmiles boven een bepaalde limiet kwamen, had hij het 'recht' verdiend om met een mens te mogen praten, een persoonlijke accountmanager: *"Since when has a person become a luxury?"*.

Ik zie veel vragen van marketeers voorbij komen op LinkedIn groepen, LinkedIn Answers en Quora, en moet vooral lachen om marketeers die vragen hoe ze menselijk moeten zijn. Of erger nog: die het adviseren: *"10 ways to be more authentic"*. Iemand anders moet jou vertellen hoe je authentiek moet zijn?

Waar we ook mee worden doodgegooid zijn de 'social media management' instrumenten, waarmee je 'posts' kunt 'plannen'. Vlak voor je vakantie gooi je ze vol met zogenaamd spontane en authentieke posts, die vervolgens door 'het systeem' op het gewenste tijdstip geplaatst worden. Maar mensen zijn niet gek, ze voelen vrij snel dat er met de frequentie, de tijdstippen of de volgorde van je posts iets aan de hand is: het voelt niet natuurlijk.

Enkele maanden terug verscheen een opvallend filmpje op Youtube: Nokia doet een 'Appletje'. Topman Elop presenteert aan collega's een nieuw model GSM en vraagt hen hun camera's uit te zetten, want 'het is top secret en ik wil niet dat het in de blogosfeer terechtkomt'. De flikkerende beelden van het filmpje suggereren dat iemand het stiekem heeft opgenomen, maar toch had 'de blogosfeer' niet veel tijd nodig om door het filmpje heen te prikken, en Nokia werd al vrij snel het lachertje bij de webloggers. De camera die filmt steekt duidelijk boven het publiek uit, en schakelt op een bepaald moment zelfs over naar een ander standpunt. Ik heb bij een musical-uitvoering van mijn dochter wel eens een film moeten maken van de beelden van twee camera's, en ik kan je vertellen: dat doe je alleen als dat echt nodig is. Of als je ervoor betaald wordt...

Authenticiteit is een grote trend op marketinggebied, zo bleek enige tijd terug ook weer uit een onderzoek van Berenschot, en je ziet steeds meer bureaus die bedrijven willen ondersteunen bij hun 'authenticiteit', wellicht omdat ze de bui al zien hangen. Maar authenticiteit vraagt, zo blijkt uit het Berenschot-onderzoek, om een 'oprechte intentie'. En die moet toch echt uit het hart van het bedrijf komen. Mijns inziens kunnen reclamebureaus dan alleen een rol aan de zijlijn vervullen, alles wat zij doen aan het 'genereren' van authenticiteit is verloren moeite.

De gezonde fastfood-keten Subway koos er enkele jaren terug voor om niet een acteur hun broodjes aan te laten smeren, maar een klant (Jared Fogle) die dankzij zijn 'Subway-dieet' vijftig kilo was afgevallen. Subway gebruikte destijds nog advertenties om Jared in te laten figureren, maar dankzij social media kan Jared tegenwoordig voor veel minder geld zijn boodschap verkondigen. Ook bij ons bedrijf zijn we aan het kijken of adverteren nog wel nodig is, zeker in een B2B-markt als de metaalindustrie voegt het weinig toe aan de persoonlijke relatie tussen onze verkopers en de inkoper van de klant.

Dus rest mijn vraag: als een echte band met een klant alleen kan vanuit een authentieke houding, waar heb je dan nog externe bureaus voor nodig? Het bureau dat het 'authentieke filmpje' van Nokia heeft gemonteerd was zijn geld in elk geval niet waard...

"I don't believe you Edwin, I think you chose these clothes on purpose". Dat zei een Indiër tegen mij nadat ik op een congres ons Marketingsysteem gepresenteerd had. De reden was namelijk: van zo'n 100 in maatkostuum gestoken mensen was ik de enige in een t-shirt en khaki broek. Ik begon mijn presentatie door te zeggen dat ik de

uitnodiging verkeerd had gelezen: ik dacht dat ze met 'business casual' bedoelden 'casual maar geen trainingspak of zo'. En dat was ook zo.

De man die mij 'beschuldigde' van het bewust kiezen van 'casual' kleren om een presentatie te doen gaf aan dat het namelijk iets te goed paste bij de inhoud en uitvoering van de presentatie. Deze man dacht dat het allemaal met voorbedachte rade was, waarop ik zei *"Perhaps I was just being authentic?"*. Authenticiteit kan (blijkbaar?) overkomen als een goed-geoperationaliseerd positioneringsplan. Onlangs las ik op de zeer interessante site trendwatching.com een artikel over 'flawsome', de aantrekkelijkheid van het niet-perfecte. Maar eerst iets over een nachtegaal.

In China, moet je weten, is de keizer een Chinees en alle mensen om hem heen zijn ook Chinezen (nee, niet zelf verzonnen dit). Heel lang geleden was er zo'n keizer, en wat iedereen in het keizerrijk wist behalve de keizer zelf, was dat in zijn tuin een nachtegaal woonde die op zijn eigen wijze liedjes zong die niet perfect maar toch prachtig waren. Alle medewerkers van het paleis hadden wel eens naar het nachtegaaltje geluisterd, tot tranen geroerd. De keizer zelf hoorde pas van het bestaan van het nachtegaaltje toen hij erover las in een boek dat hij van de Japanse keizer gekregen had. Hij liet de hofmaarschalk direct het vogeltje uit de tuin halen en de hele hofhouding ging mee zoeken, want de keizer had gezegd dat als hij hem niet diezelfde dag zou horen, dat dan het hele hof *"na het avondeten op de buik werd gestompt"* (allememachies hoe verzint Hans Christian het).
    Het vogeltje werd gevonden en mee naar het paleis genomen. Daar zong het avond aan avond voor de keizer en genoot van de tranen die het ook in de ogen van de keizer bracht. Maar na een aantal dagen begon het de keizer zich eraan te storen dat de nachtegaal er een eigen wil op nahield. Hij was dan ook erg blij toen hij van de Japanse keizer een mechanische nachtegaal kreeg die veel perfecter en consistenter kon zingen dan het echte nachtegaaltje. De keizer wilde dat ze duetten zongen, maar dat bleek niet goed te werken. En op een avond vloog het nachtegaaltje weg, terug de grote paleistuin in.
    Toen het mechanische nachtegaaltje na een paar jaar elke avond zingen er plotseling mee ophield, ging het vanaf dat moment bergafwaarts met de keizer. En na een aantal maanden lag hij zo ziek op het bed dat de hele hofhouding zat te wachten tot hij dood ging. Ze hadden zelfs al een andere keizer gekozen (de rotzakken). Maar op het

moment dat zelfs de dood zelf al op zijn buik zat, verscheen daar in de raam weer het kleine nachtegaaltje. Het zong op zijn eigen manier zijn lied, en in de ogen van de keizer verschenen tranen. Elke avond kwam het nachtegaaltje terug, en de keizer knapte weer helemaal op. *"Je moet altijd bij me blijven, ik maak het mechanische nachtegaaltje voorgoed kapot"* zei de keizer, maar dat wilde het vogeltje niet: *"Ik kan niet in het paleis komen wonen, maar laat me maar komen als ik zelf zin heb, dan ga ik 's avonds op die tak bij het raam zitten en dan zing ik voor je zodat je blij wordt, maar ook gaat nadenken! Ik zal over geluk zingen en over verdriet. Ik zal zingen over goed en kwaad dat ze voor je verborgen houden!"*.

En als het vogeltje zin had dan kwam hij, en zong een lied op zijn eigen manier. En de keizer leefde nog lang. En eh gelukkig. Natuurlijk.

'Flawsome' noem Trendwatching.com dat, de aantrekkelijkheid van het niet-perfecte. En ze noemen het *"waarschijnlijk de pijnlijkste trendnaam die we ooit hebben geïntroduceerd"* (waarmee ze laten zien niet perfect te zijn). *"Consumenten houden van merken die een beetje FLAWSOME* zijn: kwetsbaar en briljant, of juist briljant vanwege hun kwetsbaarheid"*. Erg herkenbaar. Want valt het je niet op, dat mensen om je heen hun best doen om perfect te lijken? Op Facebook en Twitter tonen ze alleen de leukste momenten van hun leven, ze maken alleen foto's van zichzelf als ze lachen. En ze willen zoveel mogelijk vrienden. Maar zoals Confucius al zei *"een vriend voor allen is een vriend voor geen"*. Want als jij merkt dat je één van deze vele vrienden bent neem je afstand: *"...het ligt in onze aard dat we het moeilijk vinden om oprecht contact te maken met mensen, close met hen te zijn of hen echt te vertrouwen, wanneer die personen geen zwakheden of tekortkomingen (lijken te) hebben"*. Aldus Trendwatching.com.

En is dat ook niet wat marketeers proberen te doen, een perfect beeld scheppen? Waarom betalen marketeers liever voor een zelfgemaakte advertentie aan de linkerkant van een blad, dan dat er aan de rechterkant gratis over hen geschreven wordt? Ik merk dat het de grote angst is die gepaard gaat met de toenemende transparantie: de angst dat de wereld de imperfecties van het bedrijf ziet. Terwijl we zoveel moois hebben om te laten zien.

Toen ik de Indiër op het congres ervan overtuigd had dat mijn kledingkeuze authentiek was, geloofde hij me. Hij gaf me zelfs nog een wijze raad van Ghandi mee: *"Be the change that you want the world to make Edwin"*. Laat ik daar vandaag eens mee beginnen.

Herhaling stelling: authentieke verkopers verdienen het meest

12 'CONVERSATION MARKETING': PERSONALITY INCLUDED

Bij een blog over conversation marketing praat je natuurlijk (behalve over goeroe Steven van Belleghem) over de bijbel onder de conversaties: The Cluetrain Manifesto. Maar voordat ik dat doe, wil ik beginnen met wat ik persoonlijk het mooiste voorbeeld van conversatiemarketing vind: het getwitter van onze nationale vliegende trots KLM. En toen ik besloot hiermee te beginnen, besloot ik maar meteen de mensen van KLM bij het schrijven ervan te betrekken via Twitter. Terwijl ik wachtte op de eerste reactie las ik in dit interessante interview over de globale opzet van de social media-activiteiten van KLM.

Stelling: alle medewerkers moeten als mensen praten met de mensen in de markt

Wat je ziet is dat de inzet van social media bij KLM, net als veel andere bedrijven, begon in de vorm van campagnes. Wij moeten als marketeers immers nog erg wennen aan het idee van real time marketing, het concept waar David Meerman Scott al jaren op hamert:

"It's a real-time world now, and if you're not engaged, then you're on your way to marketplace irrelevance". Het moment dat KLM dit belang besefte was april 2010, toen die IJslandse vulkaan met die onbegrijpelijke naam (Eyjafjallajökull, zeg het drie keer zonder te stotteren) uitbarstte en de telefooncentrale bij KLM eh ook. Het begon met het plaatsen van statusupdates ('broadcasting') op Twitter, maar het eindigde met een 24/7 team van vele KLM'ers dat Twitteraars direct kon omboeken naar nieuwe vluchten. En toen na een tijdje de vulkaan weer rustig werd (en de telefooncentrale) vroeg de CEO van KLM aan de social mediastrateeg of deze de 'dialoog' die was ontstaan overeind wilde houden. In een paar dagen tijd was eigenlijk een hele bedrijfscultuur veranderd, prachtig verhaal. Als een (social media) fenix rees KLM op uit de as van de vulkaan.

In 2005 introduceerde Apple de eerste iPod zonder schermpje, de Shuffle. Het ontbreken van een scherm werd door Apple niet gebracht als bezuiniging, maar als bijzondere eigenschap: laat je muzikaal verrassen door je iPod. Het apparaat was klein en had de vorm van een pakje kauwgum, maar wat sommige oplettende lezers vooral opviel was een zin van vier woorden in de handleiding: *"Do not eat iPod"*. Op het internet ontstak onmiddellijk een discussie: is de zin toegevoegd door de juristen van Apple, of is het een grap die werd goedgekeurd door Steve Jobs? Wat bijdroeg aan de verwarring was niet alleen dat de zin in vrijwel alle landen ontbrak aan de handleiding, maar dat deze in Engeland werd omgevormd tot *"Do not chew iPod"*. Engelsen mochten de iPod wel in de mond stoppen, maar er vervolgens niet op kauwen? De meeste stemmen gingen uiteindelijk naar de verklaring 'Jobs-gekeurde grap', maar Apple gaf wijselijk (of ook een vorm van humor?) geen uitsluitsel.

Bovenstaand voorbeeld komt uit het boek 'Personality not Included' van Rohit Bhargava, en hij wil hiermee een belangrijke discussie oproepen: zou een dergelijke grap in jouw bedrijf kunnen? Wat hij in zijn boek betoogt is dat er in de meeste, vooral grotere bedrijven, dit soort grappen altijd wel door iemand wordt tegengehouden onder het motto 'Dat kun je niet maken'. Bedrijven hebben tegenwoordig geen persoonlijkheid meer betoogt Rohit, en verliezen daarmee hun aantrekkelijkheid voor werknemers én klanten. Want wat ook de mensen achter de site Trendwatching.com duidelijk willen maken met hun term 'maturialism', is dat de meeste mensen een beetje grollen en shockeren wel kunnen waarderen, terwijl de meeste bedrijven in hun hele communicatie altijd rekening houden met die paar 'tere zieltjes' die niet tegen vloeken of lompe grappen kunnen. En op die manier verwijderen ze de persoonlijkheid uit hun communicatie.

In het afgelopen jaar zijn er meerdere boeken geschreven met telkens dezelfde boodschap: verstop de mensen in je bedrijf niet achter het logo of achter het 0900-nummer. Schuif ze naar voren en maak ze bereikbaar, laat ze niet praten met scripts maar met menselijke taal. En wees niet bang dat ze iets verkeerd zeggen, dat bewijst immers hun menselijkheid. Het gevolg zal zijn dat je een magneet zult worden voor potentiële medewerkers en klanten, zonder dat je een cent in werving hoeft te investeren. Dit alles geldt niet alleen voor de consumentenmarkt, maar net zo goed ook voor bedrijven in de industrie.

Wat opvalt is de angst bij veel bedrijven voor een dergelijke cultuurverandering. We verstoppen ons met zijn allen liever achter het bedrijfslogo en het centrale telefoonnummer. Want jawel: achter die merken zitten gewoon mensen. Dit besef is er al lang, het werd in 1999 al omschreven in The Cluetrain Manifesto.

De 95 thesen van The Cluetrain Manifesto, waren geen religieuze aanklacht. Maar volgens velen hadden ze wel een religieuze 'reuk' over zich. De schrijvers ervan hadden al vroeg door wat de invloed van het internet zou zijn op de mensheid, het bedrijfsleven, en de hiërarchie binnen bedrijven. Ze voorspelden dat mensen met elkaar zouden gaan 'converseren', en dat bedrijven die dat niet doorhadden uiteindelijk de boot zouden gaan missen. Ze bundelden hun 95 thesen in de volgende categoriën (let op hoe herkenbaar ze nu zijn):

- Thesen 1-6: Markten zijn conversaties tussen mensen: *"Markets consist of human beings, not demographic sectors"* (these 2).
- These 7: Hyperlinks ondermijnen hiërarchie: *"Hyperlinks subvert hierarchy"*.
- Thesen 8-13: Bedrijven moeten communiceren zoals markten: *"There are no secrets. The networked market knows more than companies do about their own products. And whether the news is good or bad, they tell everyone"* (12)
- Thesen 14-25: Bedrijven zullen in de conversatie met de markt

moeten springen, in de taal van de markt: *"In just a few more years, the current homogenized "voice" of business—the sound of mission statements and brochures—will seem as contrived and artificial as the language of the 18th century French court"* (15).
- Thesen 26-40: Marketing en een authentieke reactie: *"Most marketing programs are based on the fear that the market might see what's really going on inside the company"* (28).
- Thesen 41-52: Intranetten en hun invloed op hiërarchie: *"Today, the org chart is hyperlinked, not hierarchical. Respect for hands-on knowledge wins over respect for abstract authority"* (50)
- Thesen 53-75: Het verbinden van intranetten met het internet: *"Markets do not want to talk to flacks and hucksters. They want to participate in the conversations going on behind the corporate firewall"* (62).
- Thesen 72-95: De nieuwe markt: *"Don't worry, you can still make money. That is, as long as it's not the only thing on your mind"* (80).

Bovenstaande thesen zijn geschreven in 1999, dertien jaar geleden dus. Maar als je ze leest besef je hoe sterk de vooruitziende blik van de schrijvers was. Eén van deze schrijvers was, zo ontdekte ik later, Doc Searls, de schrijver van het boek 'The Intention Economy'. Ik heb het gelezen het boek geeft een mooie blik in de toekomst. Maar daar gaat Deel III van dit boek over.

Herhaling stelling: alle medewerkers moeten als mensen praten met de mensen in de markt

Deel III: Marketing in de toekomst

"In over 20 years in sales and marketing I have made many cold calls. Over the last 12 months I have not made one cold phone call or bought any expensive mass media marketing, yet sales have increased and business is much more fun". Een uitspraak van Jeff Bullas, goeroe op het gebied van Content Marketing. Hij geeft ermee aan dat marketing in de toekomst veel makkelijker wordt, en ook veel leuker.

In deel III wordt beschreven hoe Inbound Marketing de marketing in de toekomst zal veranderen. In hoofdstuk 13 wordt beschreven hoe marketing goedkoper zal worden (authenticiteit tonen kan gratis), in hoofdstuk 14 en 15 hoe respectievelijk reclame en marktonderzoek anders worden en in hoofdstuk 16 hoe verkoop zal veranderen. In hoofdstuk 17 zal de 'Intention Economy' worden besproken, een toekomst waarin consumenten de dans leiden.

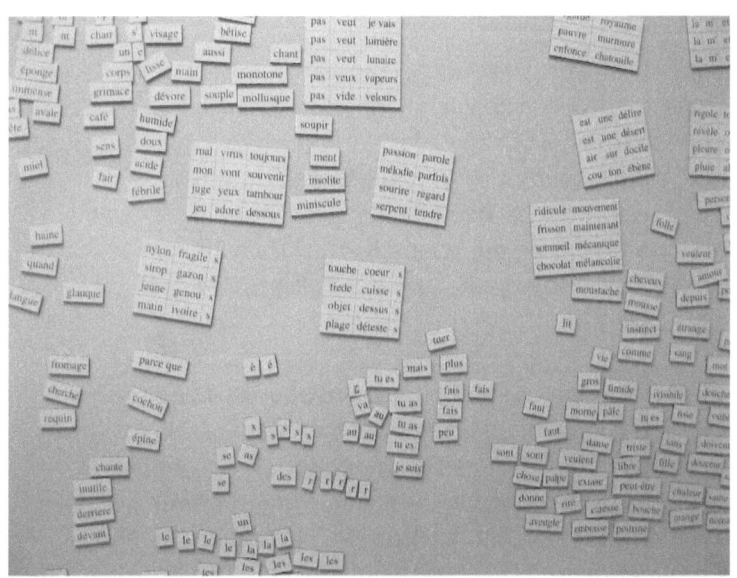

13 MARKETINGBUDGETTEN VERDAMPEN

Robert McDonald, CEO van Procter&Gamble, besloot enige tijd terug 1600 mensen te ontslaan, voornamelijk in commerciële functies. Robert had iets ontdekt: op social media hoef je helemaal niet te adverteren, hij merkte dat adverteren sowieso steeds minder effect had. Vreemd genoeg kwam Robert niet op het idee om op social media met zijn klanten te praten alsof hij en zij mensen zijn, hij wil commercials maken die mensen leuk of interessant genoeg vinden om naar elkaar te sturen. Toch nog een beetje het oude mediumdenken dus. Het lijkt een beetje op de eerste films, dat waren beeldregistraties van toneelstukken. En toen Alexander Graham Bell werd gevraagd wat je nou kunt met zijn nieuwe uitvinding, die telefoon, was zijn antwoord (geen grapje) *"Eh dan kun je vragen of het telegram al is aangekomen"*. Er is zelfs een vakterm voor: het 'horseless carriage syndrome', genoemd naar de eerste auto's, die erg op karren zonder paarden leken. Advertenties plakken op social media. Over een paar jaar lachen wij ook om dit idee.

Stelling: Marketing wordt goedkoper

Elke week komt er wel een onderzoek in het (marketing)nieuws waaruit blijkt dat marketingbudgetten op korte of lange termijn zullen verschuiven naar social media. Maar daar wordt dan eigenlijk een denkfout gemaakt: er wordt van uit gegaan dat de advertenties dan niet meer in tijdschriften worden geplaatst, maar op de zijkant van social media. Maar heeft er iemand aan gedacht dat je ook sociaal kunt zijn op social media? Gewoon gratis? Je hoeft alleen maar 'even' je bedrijfscultuur te veranderen Want de angst is groot bij bedrijven om de regie los te laten, de voorkeur voor advertenties blijft vaak omdat jij degene bent die in een advertentie bepaalt welke tekst er staat. Een kwestie van loslaten dus.

Want hoe harder je probeert een imago te bouwen in een transparante wereld, hoe interessanter het voor anderen wordt om er doorheen te prikken. Toen Ziggo enkele jaren terug een campagne begon om haar imago te versterken, was men vergeten even de vinger aan de pols van de klant te houden. Want die pols zat al boven de 40 graden Celcius: veel klanten waren ontevreden over de dienstverlening. De nieuwe campagne werkte averechts: het regende klachten en de Consumentenbond opende het 'Meldpunt Ziggo'. Er zijn goedkopere manieren om klachten te verzamelen.

En toen de verzekeraar die mij en tienduizenden anderen een woekerpolis had aangesmeerd opeens begon te adverteren over hoe eerlijk ze waren, had ik de marketingmanager via LinkedIn maar even opgespoord en (op een nette manier) gevraagd of dat wel slim is. Zijn uiteindelijke reactie (via LinkedIn!) was het standaard antwoord vol juridische taal dat naar alle klanten werd gestuurd. En ik dus vast al ooit had gehad. Ik vroeg hem om een menselijke reactie, maar die heb ik nooit gekregen.

Bij ons bedrijf gaan we er uiteindelijk ook mee stoppen, met betaalde en geregisseerde marketing. De afdeling Marketing wordt een soort 'grease in the machine', die onze collega's helpt om hun authentieke stem aan de wereld te laten horen, hun kennis te delen (aan de hand van een 'thought leadership' strategie), en op die manier als een magneet voor klanten te werken. De focus schuift dan volledig van Outbound naar Inbound Marketing. Veel goedkoper. Komt dat even mooi uit in een flinke recessie, een budget (out-of-pocket) dat langzaam verdampt...

Enkele weken terug zag ik een tweet voorbij komen van mijn collega @Tri3st: *"...[Hier had uw reclame kunnen staan]..."*. Een doordenkertje. Het is vooral indrukwekkend dat de man die elke dag met de vrachtwagen onze materialen naar de klant rijdt, in staat is om in één tweet de marketingstrategie van het bedrijf te verwoorden. Maar dat komt later.

Het is inmiddels algemene kennis: bedrijven die tijdens recessies hun marktingbudget opvoeren in plaats van verminderen, komen er sterker uit. Dat blijkt in elk geval uit onderzoek dat in eerdere recessies is uitgevoerd. Maar wat ik hieronder probeer duidelijk te maken, is dat dat voor deze recessie niet opgaat. En dat we in een tijd leven waarin 'goedkope' marketing juist beter werkt dan dure. En dat we om die reden bij ons bedrijf ervoor gekozen hebben om marketing helemaal anders te doen, met veel lagere kosten als neveneffect. Bezuinigen op het marketingbudget kan leuk zijn...

Er zijn de afgelopen jaren al vele polls en onderzoeken uitgezet met telkens dezelfde vraag: gaat u uw marketingbudget verminderen vanwege de recessie? Telkens kwam uit de resultaten hetzelfde beeld naar voren: heel veel marketingafdelingen zijn de laatste jaren bezig om via de kaasschaaf van alles steeds wat minder te doen. Overal een beetje op bezuinigen. Wat ook opvalt is het 'verschuiven van het budget naar social media'. Maar hoezo is dat verschuiven? Geen advertenties meer in tijdschriften, maar op Facebook? Marketinggoeroe David Meerman Scott verwoordt het mooi in het artikel 'Stop confusing social media marketing with advertising': *"It's not about advertising on YouTube, it is about making a YouTube video. It's not about advertising on social media sites like Facebook, it is about participating by creating pages, personal profiles, and events on Facebook"*. Het marketingbudget verschuift niet naar social media, als je het goed doet verdampt het...

Het mooie is dus: marketing wordt niet alleen effectiever en leuker, maar ook goedkoper. Je hoeft geen media om te kopen om je boodschap te verkondigen. Maar ga ook geen 'tweetruimte' verkopen aan adverteerders, je bent je volgers zo kwijt...

Herhaling stelling: Marketing wordt goedkoper

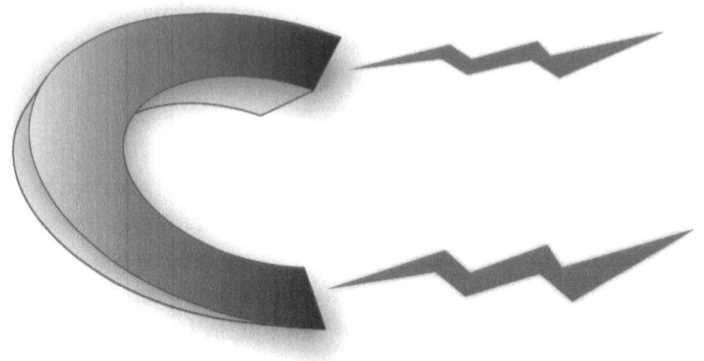

14 DE TOEKOMST VAN RECLAME

Triest: Vijf studenten Communicatiemanagement aan de Hogeschool Utrecht hebben enige tijd terug een interessant experiment uitgevoerd: ze hebben bij een aantal gezinnen een avondje een camera in de huiskamer gezet zonder te zeggen waarom ze dat deden, ze wilden registreren wat er tijdens het reclameblok gebeurde. En wat bleek: iedereen in het gezin dook het internet op (via smartphone, tablet, laptop etc.) of ging iets anders doen. Wat het trieste hieraan is? Wij marketeers negeren dit en gaan gewoon door met reclame maken. Elke 10 jaar wordt namelijk zo'n onderzoek gedaan, en we negeren gewoon de resultaten. Mensen willen onze commerciële boodschappen gewoon niet horen, maar wij zijn daar blind voor. En dat terwijl er zo'n mooi alternatief is: 'Inbound Marketing'.

Stelling: reclame wordt veel anders, maar niet veel anders

Als je vakbladen of blogs over marketing leest krijg je wel eens het gevoel dat reclame op zichzelf een doel is. Terwijl het één manier is om met je klanten te communiceren. En niet eens zo'n geweldige manier: het is éénrichtingsverkeer (en mensen willen tegenwoordig terugpraten) en het kost geld. Veel geld.

Maar als je dan de reacties op internet op het TV-onderzoek ziet is het bijna lachwekkend: een krantenmarketeer die de krantadvertentie als 'logisch alternatief' verkoopt, of iemand die 'een kansje' ziet omdat je dan de advertenties maar op de smartphone moet laten zien. Het lijkt wel of wij marketeers alleen maar kunnen communiceren in één richting, en via advertenties of commercials. Toen ik de vraag onder een artikel over het onderzoek stelde *"Is reclame een doel op zich?"* antwoordde iemand zelfs bevestigend: *"Reclame is een doel op zich, Edwin"*. Waarbij hij bedoelde *"Voor RTL"*. Maar ik heb het over 'de adverteerder'.

Op zich een rare term, 'de adverteerder'. Waarom kunnen we niet gewoon een stapje terug doen, en beseffen dat we onze klanten graag iets willen vertellen, maar dat we dat tot nu toe alleen via betaalde media konden doen? Of nog een stapje verder terug, en beseffen dat we eigenlijk ook wel tweerichtingsverkeer willen? En nog een stapje terug: dat we willen dat dit tweerichtingsverkeer authentiek is, oftewel niet-voorgekookt?

Marketing wordt zo makkelijk in een toekomst die steeds transparanter wordt, en die schreeuwt om authenticiteit: we kunnen gewoon als mensen communiceren met mensen, niet als 'adverteerders' met hun 'kijkers'. En via media die nog gratis zijn ook. Maar zolang we reclame als een doel op zich zien en niet als een verouderde manier om met de mensen te communiceren die je salaris betalen, zullen we de komende tien jaar nog veel commercials moeten kijken. Of beter nog: negeren.

"Zit je net in de spanning van een reclame... KOMT ER OPEENS EEN TV-PROGRAMMA TUSSENDOOR. Het moet niet gekker worden." Zo twitterde @ohsarcasme onlangs. Het valt me ook al op: ik kan tegenwoordig best wel veel surfen op mijn iPad tijdens de reclameblokken, ze zitten volgens mij al tegen het wettelijke maximum aan. Wat een verademing dan dat ze bij Zara een 'zero advertising' strategie hebben. Een wat?

Als je wilt weten wat Zara in haar winkels heeft heb je twee opties: je gaat naar de website of je gaat naar de winkel. Maar de beste reclame ziet Zara de 'Word of Mouth', oftewel wat je van vrienden en familie hoort. Veel effectiever. In alle andere vormen van reclame investeert Zara niet, het geld wat ze daarmee besparen kunnen ze weer op andere plekken gebruiken. Zara ontdekte dat het koopgedrag van hun klanten erg van internet afhankelijk is, voordat ze naar de fysieke winkel gaan hebben ze het product online al bekeken. Adverteren voegt volgens hen weinig toe behalve kosten. En Zara is niet de enige, steeds meer bedrijven ontdekken dat je met klanten tegenwoordig gewoon kunt communiceren via bijvoorbeeld social media, zonder dat het iets kost, we hoeven alleen maar even achter het merk uit te stappen. Veel menselijker ook, en dus veel effectiever. Maar wat betekent dit voor de reclamewereld? Volgens mij is dit een mooi voorbeeldje van een blauwe oceaan.

Het boek 'Blue Ocean Strategy' is een klassieker inmiddels, dus ik zal het kort houden: bij een 'Blue Ocean' strategie probeer je de 'red oceans' (waar flink geconcurreerd wordt, vooral op prijs) te vermijden door in een 'Blue Ocean' te springen. Dat doe je door de 'lamp' heel anders op je kernactiviteit te zetten. Klassiek voorbeeld is Cirque du Soleil, dat de rode circus-oceanen ontvluchtte door een deel van haar kernactiviteit (acrobatiek) opnieuw te verpakken als artistieke acts in theaters, en daar veel meer geld voor te vragen. Dichterbij is het voorbeeld van het project 'Kas als energiebron', dat de stijgende energieprijzen niet langer als bedreiging voor de glastuinbouw wilde zien, maar de kas ging ombouwen naar een energieverzamelaar in plaats van een energieverbruiker. Zoiets moet er voor de reclamewereld ook in zitten zodra de marketeers het geld niet meer (over) hebben voor 'Outbound Marketing', en overgaan op 'Inbound Marketing'. En natuurlijk heeft Coca Cola dat weer als eerste door.

In het kader van hun campagne 'Open happiness' plaatste Coca Cola op de campus van Singapore een bijzondere cola-machine: als je hem knuffelt krijg je een gratis blikje cola. Niet slim zou een boekhouder zeggen, maar Coca Cola bespaarde hier ontzettend veel geld mee, omdat het filmpje van de reacties op de machine online erg succesvol was, het is in een paar maanden al ruim een miljoen keren (gratis) bekeken. En mensen kijken hier bewust naar, het is niet dat ze net als bij TV-reclame op dat moment op het toilet zitten.

Wat ook opvalt: op het Youtube-kanaal van de campagne kijken meer mensen naar de 'behind-the-scenes' filmpjes dan naar de belangrijkste commercial van de campagne (eh in-front-of-the-scenes). Mensen willen niet langer nepmensen in nepwerelden zien, ze willen het echte. En dat is ook de reden (en het succes) achter een ander filmpje van Coca Cola, helemaal gebaseerd op de (echte) beelden van beveiligingscamera's, ook een aanrader. En sinds kort is Coca Cola via haar Facebookpagina (ooit gestart door twee consumenten) bezig om geluk te 'crowdsourcen': iedereen mag meedenken hoe de wereld gelukkiger gemaakt kan worden.

Wat opvalt als je de filmpjes bekijkt is dat Coca Cola nog steeds een glimlach op de gezichten van mensen tovert, maar dan nu met echte beelden van echte mensen. Niet gecreëerd door Coke, maar geselecteerd. En natuurlijk mooi in elkaar gezet. Hun kernactiviteit met een andere lamp belichten, het is ook een soort Blue Ocean van Coke. Maar de aanpak van Coca Cola is mijns inziens tekenend voor hoe de reclamewereld er in de 'Inbound Marketing' toekomst uit gaat zien: de kernactiviteit, creativiteit, wordt op een hele andere manier toegepast. Bedrijven zullen niet langer als 'adverteerders' aan bureaus vragen om commercials voor ze te maken, maar willen zichzelf en boeiende content online zetten om gevonden te worden. En wie zijn er goed in het maken van boeiende content? Precies. Veel leuker ook voor de regisseurs van de filmpjes, als je weet dat de mensen die naar je filmpje gekeken hebben, daar bewust voor kozen. En niet gedwongen worden te kijken, terwijl ze liever de film verder keken.

Herhaling stelling: reclame wordt veel anders, maar niet veel anders

15 DE TOEKOMST VAN MARKTONDERZOEK

"Wat doen we niet, en moeten we vandaag onmiddellijk gaan doen?". Ja je hoort het goed: dat is de vraag die de bakker je vanmorgen stelde vlak voordat je naar buiten liep. Weet jij het antwoord? En toch: volgens marktonderzoekexpert Harry Joiner is het de meest indrukwekkende vraag die je aan een klant kunt stellen.

Ik zie ze steeds vaker: bedrijven en organisaties die ook aan marktonderzoek gaan doen. Vaak vanuit een soort van identiteitscrisis en een valse hoop dat hun klanten het wel weten, vragen ze *"Wie moet ik zijn?".* Ik kan alvast verklappen: de klant weet het ook niet. Stel je voor dat alle bedrijven dat gaan doen, vragen wie ze voor je moeten zijn. De wereld zou veel kleurlozer worden.

Stelling: marktonderzoek wordt luisteren

De moderne profeet Simon Sinek ziet het als een symptoom van een 'doorgeschoten' organisatie, waar het hart verdwenen is omdat bijvoorbeeld de oprichters van het bedrijf vertrokken zijn, en waar passie daalt terwijl stress groeit. Een bedrijf gaat dan -zonder ervoor gekozen te hebben overigens- door 'The Split', en terwijl de oprichters voor dat moment nog precies wisten welke koers ze wilden varen, begint het bedrijf zich na The Split meer bezig te houden met wat de concurrenten precies doen en minder met wat ze zelf doen. Het bedrijf begint te vragen *"Who should we be, how should we talk to you"*, terwijl ze in de beginjaren nog een duidelijk doel voor ogen hadden. The Split.

Hoe vaak klik je ze niet weg, die popups die vragen of je een paar vragen wilt beantwoorden over de site waar je net vijf seconden bent? Bij ons bedrijf doen we wekelijks NPS-onderzoek bij klanten (niet alle klanten elke week hoor) naar de kans dat ze ons aanbevelen, maar ondanks dat het maar om twee vragen gaat is de respons maar 15%.

Marktonderzoek was vroeger zo makkelijk, je pakte een telefoonboek op de knie en begon te bellen. Hoe anders is de wereld nu: de telefoongids wordt 'vermoord', mensen zijn steeds moeilijker te vinden, en als ze al te vinden zijn willen ze geen tijd steken in een anonieme vragenlijst. Wat opvalt is dat mensen wel de tijd willen nemen om op social media hun mening te geven, en dan is hun anonimiteit niet eens een probleem.

Marktonderzoek wordt dus helemaal anders. Eén van de redenen dat mensen in een onderzoekspanel wilden zitten was van oudsher dat ze op die manier hun stem aan de leverancier konden laten horen. Maar dankzij social media heb je daar geen panel meer voor nodig, via Twitter kun je tegenwoordig hele leuke acties opstarten waarmee je laat zien dat bijvoorbeeld Albert Heijn niet verantwoord met zijn leveranciers omgaat (Pak 2% korting!). Volgens de hoogste marktonderzoeker bij Procter & Gamble zullen we tegen 2020 van marktonderzoek zijn overgeschakeld op 'social listening': *"We are all brought into the research industry with the almost dogmatic belief that representation is everything, but we need to get away from the notion that being representative of something is the only way to learn"*.

Aan de ene kant is dit soort 'social media onderzoek' weinig wetenschappelijk: het gaat om niet-betrouwbare, niet-valide en niet-representatieve 'meningverzamelingen'. Anderzijds hebben dit soort 'social media reacties' effecten die het bedrijf raken, niet alleen de marktonderzoeker: het hele bedrijf wordt aan de schandpaal genageld, terwijl de negativiteit vroeger werd ingeperkt tot de resultaten in het marktonderzoekrapport.

Naarmate Inbound Marketing toeneemt ten koste van Outbound Marketing zal het steeds onzinniger worden om je klanten nog langer te vragen 'wie moet ik zijn?'. Wees gewoon jezelf, zet je persoonlijkheid en kennis online en wacht tot de klanten die je verdient erop af komen. Daar heb je dus geen marktonderzoek voor nodig, gewoon een beetje lef: *"Say what you want and be who you are, because those who matter don't mind and those who mind don't matter"*. Ik hoop dat je een bakker hebt die dat ook gelooft.

Herhaling stelling: marktonderzoek wordt luisteren

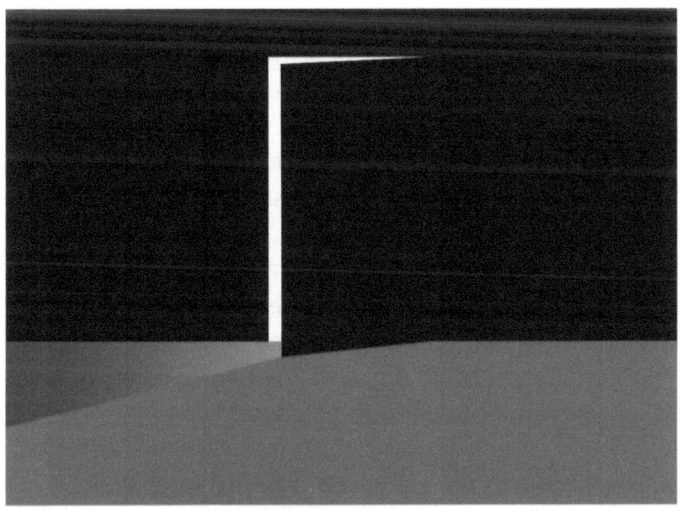

16 DE TOEKOMST VAN VERKOOP

Elke zondagmorgen begint het. Om 9.00. Het luiden van de kerkklok in ons Brabantse dorpje. Als ik er over nadenk, is het de oudste vorm van 'Outbound Marketing' die er bestaat: mensen 'interrumperen' in hun slaap om ze naar de kerk te lokken. *"Al 7,5 miljoen Nederlanders in het bel-me-nietregister"*, zo kopten de kranten enige tijd terug. En de consumentenbond wil samen met een paar bedrijven nu ook een 'bel-niet-aanregister' openen, dat de terugkeer van 'colportage' (verkopen aan de deur) moet afremmen. Mensen zijn het een beetje beu, die opdringerigheid. Wel raar trouwens dat er nog geen 'maak-me-niet-wakker-met-je-klokkenregister' bestaat.

Stelling: verkopen wordt veel subtieler

Ik krijg de vraag heel vaak: als je met Inbound Marketing begint mag je dus niet meer 'opdringerig' zijn. Maar hoe zorg je dan dat het geld binnenkomt? Je kunt wel alle content online zetten, maar hoe rollen daar de euro's dan uit? Hoe kun je nog verkopen als je niet meer mag verkopen?

Iemand die precies doorheeft hoe je in deze 'sociale' tijden nog kunt verkopen is Marcus Sheridan, goeroe op het gebied van content marketing maar van oorsprong zwembadverkoper. Vanaf het moment dat hij alle antwoorden op alle vragen die mensen hebben over zwembaden online had gezet, hoefde hij niemand meer te benaderen: iedereen vond hem via Google. En omdat hij de mensen zo goed hielp met hun vragen, besloten ze ook meteen maar hun zwembad bij hem te kopen. Marcus verdient tegenwoordig vooral veel geld als spreker, en heeft een hele subtiele manier om zichzelf als spreker te 'verkopen': hij zegt niet 'huur mij in', maar laat tijdens online discussies regelmatig de woorden 'toen ik laatst hierover een lezing gaf' vallen. Potentiële congresorganisatoren krijgen door de discussie enerzijds het gevoel dat hij erg goed op de hoogte is, en zien in zijn 'subtiele hints' dat hij vaak spreekt op congressen. Hij beschrijft ook graag hoe hij andere bedrijven adviseert over content marketing, en erg vaak krijgt hij de vraag 'Ik las iets interessants, wil je dat voor ons bedrijf ook doen?'.

Iemand die al langer door heeft hoe je iets tegenwoordig moet verkopen, is Gary Vaynerchuck. In een interview met CNN-verslaggever Piers Morgan legt hij uit dat hij tijdens online discussies maar heel af en toe zegt *"read my book"*, alleen als hij vindt dat het relevant is. Gary is multimiljonair geworden door eenvoudig vragen over wijn online te beantwoorden, en de drempel naar zijn wijnwinkel heel laag te maken. Maar nooit roept hij tegen iemand *"koop je wijn in mijn winkel"*, de meeste mensen doen dat vanzelf toch als ze door hem goed geholpen zijn. De blogger TJ Philpott beschrijft het in een recent artikel goed: eerst geven dan nemen, en leg het er niet te dik op dat het je vooral om het geld gaat. Subtiel verkopen is het nieuwe verkopen.
Als de katholieke kerk een bedrijfsmodel zou hebben, zou het als volgt aan de nieuwe tijden van 'Inbound Marketing' kunnen worden aangepast: stoppen met klokken luiden (en eh andere onplezierige activiteiten), alle antwoorden op de levensvragen van mensen online zetten en wachten tot ze gevonden worden (typ bij het Google zoekvak maar eens *"why are we"* en kijk hoe het wordt aangevuld). In discussies op fora laat je zien dat je de antwoorden hebt, en laat regelmatig vallen 'toen ik laatst hierover een preek gaf'. En je maakt de drempel naar de kerk laag.

Wat zou het heerlijk zijn, geen kerkklokken. Dan kan ik op zondagochtend in ieder geval doorslapen, in plaats van dat ik maar een boek ga schrijven...

Herhaling stelling: verkopen wordt veel subtieler

17 'INTENTION ECONOMY': DE MACHT VERSCHUIFT

Toen een journalist de directeur van softwarebedrijf Sun vroeg hoe het zat met de privacy van een nieuw softwareproduct, antwoordde hij *'you have zero privacy anyway, get over it'*. Het gevecht tegen de transparantie begint inderdaad steeds meer te lijken op het gevecht van Don Quichotte tegen de windmolens, maar er is goed nieuws. Er is namelijk een ontwikkeling die de hele privacy-discussie helemaal overbodig maakt. En het hele verdienmodel van Google. En een hele tak binnen de marketing. Maar eerst iets over Doc Searls.

Stelling: het 'tracken' van klanten is straks niet langer nodig

Doc Searls is werkzaam bij de Harvard University, en heeft onlangs een boek over de 'Intention Economy' geschreven. Hij had eerder al een tipje van de sluier opgelicht in een klein artikel in de Harvard Business

Review, waarin hij betoogde dat de klant in de relatie met de leverancier steeds vaker het stuur overneemt, ook op het gebied van klantgegevens. In het artikel met de treffende naam 'Stop collecting customer data', geeft hij aan dat het veel efficiënter is als het beheer over klantgegevens bij de klant zelf ligt, en de leverancier dus beter maar op kan houden met het verzamelen van klantdata. Niet alleen om juridische redenen (de toenemende druk van privacy-beschermers), maar ook in het belang van de leveranciers zelf! In de 'intention economy' hoeven klanten namelijk niet meer (web)winkels af te struinen om hun behoeften te bevredigen, ze laten hun wensen gewoon 'los'. Ze bepalen zelf wat ze over zichzelf vrijgeven, wat betekent dat bedrijven niet langer bezig hoeven te zijn met het verzamelen van allerlei privacy-gevoelige informatie over hun klanten, teneinde ze de juiste aanbieding te kunnen doen. Doc noemt dat *"tracking customers like animals"*.

Toen ik dit enige tijd terug op LinkedIn vertelde aan een Italiaan die net een manier had gevonden hoe je je klanten op social media op kunt sporen en volgen, ontstond er (natuurlijk) een uitgebreide maar interessante discussie. Uiteindelijk stelde ik voor om Doc Searls, de schrijver van het boek, uit te nodigen om aan de discussie mee te doen, onder het motto 'hij zal het toch op zijn minst interessant moeten vinden dat er al discussies zijn over een boek dat hij nog niet af heeft'. Doc haakte inderdaad aan bij de discussie, en legt uit dat in de 'Intention Economy' *"we can signal our actual intentions, rather than waiting for sellers and their helpers (e.g. Google and Facebook) to guess what we want and aim "personalized" offers at us"*.

We kunnen dus stoppen met het verzamelen van klantdata. Enerzijds verdwijnt daarmee ook het privacy-probleem, anderzijds wordt ook onze 'marketing' (of wat daar dan nog van over is) veel efficiënter. Want is het niet raar hoe trots we zijn als we bij Google Adwords een klikratio van 2% hebben? Het lijkt wel een obsessie.

Opvallend bericht in Adformatie: Microsoft heeft een patent aangevraagd op technologie waarmee de Kinect sensor van de Xbox 360 *"de stemming van gebruikers kan aflezen"* en *"op de stemming geselecteerde advertenties kan versturen"*, want *"het plaatsen van cookies voor het in kaart brengen van gedrag is sinds kort sterk aan banden gelegd"*. De Kinect sensor is volgens de patentaanvraag in staat om op basis van gezichtsuitdrukkingen en lichaamstaal de stemming van gebruikers vast te stellen, *"zo zouden mensen die gelukkig zijn minder advertenties over manieren om gewicht te verliezen kunnen krijgen"*. Dus mensen die ongelukkig zijn worden gebombardeerd met advertenties voor lightproducten? Tot ze gelukkig zijn? Of tot er genoeg verkocht is?

Ik ga hier niet de moralist uithangen (is dat Nederlands?), ik moet namelijk bekennen dat ik altijd jeuk krijg van privacy-ridders die vinden dat je de beelden van een crimineel niet openbaar mag maken 'vanwege zijn privacy', of die het gevoel hebben dat elk bedrijf en elke regering erop uit is om hen te filmen en hun gedrag te registreren. Er zijn maar weinig mensen interessant genoeg voor bedrijven en overheden om dag in dag uit te stalken, in tegenstelling tot wat veel mensen denken.

Het besef dat bedrijven een beetje te ver zijn doorgeschoten met hun drang om klanten te 'tracken' drong tot me door toen ik las over een recent voorval bij Target, een Amerikaanse winkelketen met een overijverige afdeling 'data mining'. Een boze man liep een Target-filiaal in Minneapolis binnen: *"Mijn dochter kreeg deze mail met kortingsbonnen voor babykleren en wiegjes? Willen jullie haar zwanger hebben?"*. De filiaalmanager zou het uitzoeken en een paar dagen later terugbellen, maar toen hij dat deed kreeg het telefoongesprek een heel andere wending: de dochter bleek inderdaad zwanger. De statistici bij Target hadden via een zogenaamde 'pregnancy prediction score' uit het koopgedrag van het meisje afgeleid dat ze vermoedelijk binnen enkele maanden ging bevallen... Ze hadden door dit soort incidenten echter wel geleerd om de zwangerschapsbonnen wel wat meer te 'verhullen', door er bijvoorbeeld reclame voor een grasmaaier naast te zetten: *"And we found out that as long as a pregnant woman thinks she hasn't been spied on, she'll use the coupons. She just assumes that everyone else on her block got the same mailer for diapers and cribs. As long as we don't spook her, it works."*.

Zo werkt dat dus: stalk de klant, maar zodra deze achterom kijkt moet je snel achter de lantaarnpaal duiken. Ik begrijp het gehuil ook niet over de nieuwe cookiewet: je moet voor de grap eens naar selectout.org gaan, en kijken hoeveel bedrijven je op dit moment over het hele internet aan het 'stalken' zijn. En klik daar dan ook meteen eens op de knop 'opt-out', de website zal 200 van dit soort 'stalkers' namens jou vragen hiermee op te houden. Als je kijkt hoe de lijst met stalkers langzaam kleiner wordt (als je goed luistert hoor je hun doodsschreeuw) begin je het gevoel te krijgen alsof je in The Matrix zit: *"A computer generated dream world built to keep us under control in order to turn a human being into a battery"*. Je krijgt echt het gevoel dat het bedrijfsleven je zo ziet: als een batterij. En wij marketeers bedenken zoiets, en huilen als wetgeving het verbiedt.

Nu kun je lang en breed praten over de ethiek hierachter, de vraag is of dit gedrag sowieso nog wel nodig is in de toekomst. In zijn boek 'The Intention Economy' laat Doc Searls zien hoe de wereld eruit ziet *"when customers take charge"*. In The Intention Economy, zo schrijft hij *"the buyer notifies the market of his intent to buy, and sellers compete for the buyer's purchase"*. Marketing wordt dan heel anders, je hoeft klanten niet op te sporen en te vangen: *"free customers are more valuable than captive ones"*. Bedrijven hoeven dan ook geen 'Big Data' meer te verzamelen over grote hoeveelheden klanten, de klant beheert zelf zijn 'Small Data'. Niet in CRM maar VRM: Vendor Relationship Management. Juist door de klant zijn gang te laten gaan verdienen we dus straks méér geld: *"The market will have many more dances when customers can take the lead"*. Prachtig toekomstbeeld toch? Wie wil er met mij dansen?

Herhaling stelling: het 'tracken' van klanten is straks niet langer nodig

OVER DE AUTEUR

Edwin Vlems is al vijftien jaar Marketing Manager bij een metaalgroothandel in Valkenswaard, en heeft een opleiding Economische Psychologie (aangevuld met NIMA-A/B/C) gevolgd. In de avonduren werkte hij als Docent Marketing (NIMA-A), maar stopte daarmee toen hij zich niet meer herkende in de stof. Toen hij aangaf te wachten tot de NIMA-A stof was aangevuld/ vervangen door een boek over 'Inbound Marketing' werd hem de vraag gesteld *"Waarom zorg jij dan niet voor dat boek?"*.

www.ingramcontent.com/pod-product-compliance
Lightning Source LLC
Chambersburg PA
CBHW020931180526
45163CB00007B/2974